普通高等教育"十三五"规划教材

新编软式排球教程

主　编　修　艳　　　　　○

副主编　王　琼　龚　晓　陈小玲

西南交通大学出版社
·成　都·

图书在版编目（CIP）数据

新编软式排球教程 / 修艳主编. —成都：西南交通大学出版社，2019.7

普通高等教育"十三五"规划教材

ISBN 978-7-5643-6963-7

Ⅰ. ①新… Ⅱ. ①修… Ⅲ. ①排球运动–高等学校–教材 Ⅳ. ①G842

中国版本图书馆 CIP 数据核字（2019）第 136734 号

普通高等教育"十三五"规划教材

Xinbian Ruanshi Paiqiu Jiaocheng

新编软式排球教程

主编 修 艳

责 任 编 辑	李晓辉
助 理 编 辑	吴启威
封 面 设 计	原谋书装
出 版 发 行	西南交通大学出版社
	（四川省成都市金牛区二环路北一段 111 号
	西南交通大学创新大厦 21 楼）
发行部电话	028-87600564　028-87600533
邮 政 编 码	610031
网 址	http://www.xnjdcbs.com
印 刷	四川煤田地质制图印刷厂
成 品 尺 寸	170 mm×230 mm
印 张	13.5
字 数	252 千
版 次	2019 年 7 月第 1 版
印 次	2019 年 7 月第 1 次
书 号	ISBN 978-7-5643-6963-7
定 价	40.00 元

前 言 // PREFACE

　　软式排球运动兴起于 20 世纪 80 年代中期，最先流行于日本与意大利。20 世纪 90 年代，软式排球运动在我国开始推广传播。软式排球运动既可以是大众化的竞技体育运动，也可以是娱乐休闲体育活动。它非常适宜在不同年龄段的健身爱好者中开展。它简便易学、安全性良好、趣味性强，适合各类人群的健身需求。

　　20 世纪末，全民健身受到政府重视并全面开展起来。1995年 6 月，国务院颁布《全民健身计划纲要》；同年 8 月，全国人大常委会通过《中华人民共和国体育法》。在这样的大环境下，软式排球运动在国内得到了快速的推广和发展，各级各类软式排球活动和比赛如雨后春笋般开展起来。进入 21 世纪，我国软式排球活动年均 200 余项，参与人数已突破 2 亿人。中国已成为世界软式排球活动开展得最好的国家。

　　软式排球技术和传统的排球技术非常接近，两者之间的技术、战术有极强的兼容性。参加软式排球运动，可以极大地激发和培养青少年对排球运动的兴趣，从而奠定排球技术基础，推动我国排球运动事业的繁荣发展。2001 年 11 月 1日，教育部颁布新修订的九年义务全日制教育体育与健康教学大纲，软式排球正式列入大纲体育教学内容。

　　本书面向广大青少年，力求通用性和实用性。全书由青岛农业大学体育教学部教师修艳担任主编，由青岛市教育局学生资助管理中心王琼、北京电影学院现代创意媒体学院龚晓以及广东省财政职业技术学校陈小玲担任副主编。本书所有的人物图片由青岛初朵传媒有限公司制作。在本书的编写过程中有许多做出贡献以及提出宝贵意见的同仁，在此也向他们表示感谢！

本书在编写过程中参考了多本软式排球和排球的教程与讲义，大胆创新了一套新教程。本书适合作为高校体育普修课及中小学软式排球课教材，也可供软式排球爱好者使用。

由于编写工作的时间仓促，书中难免有疏漏之处，恳请广大读者及时指正，以便我们进一步完善。

编 者

2019 年 3 月

目 录 // CONTENTS

第一章 软式排球运动的常识

 软式排球的起源与发展

 软式排球的特点和损伤的预防

第一节　软式排球的起源与发展

一、软式排球的起源

软式排球作为排球运动家庭的新成员，其历史并不长，现在最常使用的软式排球有两种款式，分别是欧式软式排球和亚式软式排球，因此有两种起源。

（一）欧式软式排球起源

早在 20 世纪 80 年代，意大利就生产出自动充气排球，并且把各种不同型号的软式排球送给国际排联。在欧洲的学校里，孩子们普遍使用软式排球进行排球方面的活动。我们称这种自动充气的软式排球为"欧式软式排球"。

1994 年，第 2 期《中国排球》杂志以图文并茂的形式刊登了在瑞典和芬兰边境线上举行的、有 5000 名青少年运动员参加的排球比赛的消息。这项赛事从 1984 年到 1994 年已举办 10 届，参赛选手均为 7～17 岁的青少年，按年龄分组进行比赛。他们所用的球是由海绵充内的软式排球。前国家体委群体处曾多次组织我国的学校排球队参加这项比赛。辽宁、江苏等省市的学校排球队还带回自动充气的欧式软式排球。

（二）亚式软式排球起源

亚式软式排球 20 世纪 80 年代初诞生于日本，开始只是作为家庭成员和中老年人健身、娱乐的体育活动项目，随后流传开来。1995 年，北京体育大学钟秉枢教授托人从日本带回两个 Mikasa 软式排球。这种外皮为橡胶需充气的球，我们称之为"亚式软式排球"。北京体育大学用这两个软式排球举行了第一届教职工软式排球比赛。亚式软式排球正式传入我国。

中国排球协会非常重视软式排球在我国的发展。以北京体育大学为龙头，北京部分中小学从多角度开展对软式排球的实验工作，并且取得了可喜成果。

二、软式排球运动在我国的发展

当年组队参赛的前国家体委（国家体育运动委员会，简称国家体委，已于 1998 年 3 月改组为国家体育总局）群体处干部李今石同志还审核了我国在 1998 年 1 月由人民体育出版社出版的《软式排球竞赛规则》。该书在说明中写道："软式排球 80 年代末起源于日本。目前，亚洲和欧美等一些国家已开展软式排球运动，制定了竞赛规则和举办了国际比赛。我国这个项目刚开始起步，已派队参加过国际比赛。"这段话说明了软式排球的起源、发展与传入我国的情况。

（一）我国首次软式排球比赛

1995 年 5 月，北京体育大学举办了首届教职工软式排球比赛。这也是我国举办的首次软式排球比赛。那次比赛的参加者都深深地被软式排球柔软的性能所吸引。参赛者的范围比普通排球赛有明显增大，一些不会打排球的人也尝试上场亲身体验排球比赛的魅力。参赛者击球的动作更放得开，击球的手法变化多样，来回球增多，观赏性、娱乐性大大提高，场上妙趣横生。这一现象立即引起人们的关注。北京体育大学研究生杨峰对当时现场的多项数据进行了统计调研，之后发表了题为《软式排球运用效果及其技术特点》的论文，这是我国最早发表的关于软式排球的论文。

1995 年 8 月，钟秉枢教授出席了由国际排联举办的"学校排球研讨会"。会议期间，钟教授与日本软式排协主席、国际排联教练委员会主席丰田博先生进行了交谈，谈到了北京体育大学举办软式排球比赛的情况。丰田博先生听后大为惊讶，十分重视。他回到日本后，立即给钟秉枢教授寄来 20 个日本产的亚式软式排球，以表示对中国开展软式排球运动的关心和支持。北京体育大学排球教研室又将一部分球转赠给天津体育学院。同年 11 月，天津体育学院在曲正中教授的大力倡导下，也举行了教职工软式排球赛。软式排球柔软的性能同样吸引了众多参与者。

1995 年 12 月，钟秉枢、曲正中两位教授向中国排球协会秘书长高沈阳做了汇报，高沈阳秘书长与排球处的同志们一起研究决定：号召全国青少年大力开展软式排球活动；由天津体育学院负责，协同有关厂家研制开发我国的软式排球。1996 年，天津"利生"软式排球研制成功，这标志着我国首次研制出软式排球。其尺寸基本上按照亚式软式排球规格设计，分为两种：一种周长为 78 cm，另一种周长为 66 cm，重量均在 200～230 g。这标志着我国的软式排球进入新的发展阶段。

（二）我国首次软式培训班

1996 年 6 月 24—25 日，国家体委排球处主办、天津体育学院承办的"全国首届软式排球培训班"在天津体育学院举行。培训班由前国家体委排球处甄九成副处长主持，北京体育大学钟秉枢教授主讲了"软式排球的由来、在日本发展的概况"，天津体育学院张志敏同志主讲了"日本软式排球的规则与六人竞技排球规则的比较"。在实践课中，大家体验了天津生产的软式排球。新奇的软式排球受到来自全国各地 40 余位体育教育者的欢迎，大家一致认为软式排球十分适合初学者使用。1996 年 12 月，在国家体委科教司于成都体育学院举行的"全民健身创编活动与表演大会"上，亚式软式排球首次与我国大众见面，并且被确定为全民健身重点推广项目。

（三）全国软式排球推广领导小组

国家体育总局排球运动管理中心于 1999 年 10 月成立了"全国软式排球推广领导小组"。领导小组由体委、教育部门、新闻界、企业界组成，由排管中心副主任高沈阳任组长，甄九成任执行组长。在 1995—1999 年的软式排球"导入期"里，中国排球协会主要完成了以下工作任务：

（1）研制开发软式排球。

（2）实验、确定软式排球的性能、使用对象等问题。

（3）实验、确定软式排球能否成为中小学的体育教材内容和开展课外活动的内容。

（4）实验、确定软式排球的竞赛规则。

（5）实验、确定软式排球进行全民健身的内容和方法。

（6）举办各种软式排球培训班。

（7）依靠新闻媒体大力宣传软式排球。

几年间，在党和各级政府的关怀下，在全国广大人民群众的参与下，大、中、小学校广大师生积极参与实践，我国的软式排球运动得到健康、快速的发展，并且在理论和实践上都取得了丰硕成果。

（四）软式排球入校园

2000年11月1日，教育部颁布的中小学九年义务教育《体育与健康教学大纲》将软式排球正式列入教材内容，这标志着软式排球运动在我国进入全面发展时期。为了贯彻新大纲，仅在2001年上半年，全国各省市举办软式排球培训班就达20余次，近万名大、中、小学体育教师参加了培训。同年5—6月，全国软式排球推广领导小组的领导先后在北京东城区府学小学、西城区中古小学、湖北省黄石市第八中学讲授示范了"软式排球教学研究课"。新颖的教学思路、生动活泼的教学方法、创造性的教与学互动、良好的教学效果，使前来观摩的广大中小学教师颇受启发。这也成为之后我国学校体育教学改革之路的一个契机，同时也推动我国校园素质教育的发展。

第二节　软式排球的特点和损伤的预防

一、软式排球的特点

（1）具有广泛的群众性。软式排球不受场地、设备限制，不受年龄、性别、体质和技能的约束。比赛规则尺度宽。参赛人数、场地、设备可根据实际情况自行确定。既可在球场上比赛训练，也可在一般空地上活动；运动量可大可小，适合不同群体的人。

（2）具有较强的趣味性。软式排球球体轻、质地软，气压小、飞行慢，手感舒适、不伤人，易掌握、失误少。在比赛中，往往要经过多个来回球交锋。水平高的比赛，对抗争夺会非常激烈。

（3）高度的技巧性。规则规定：比赛中球不能落地、不得连击。击球时间短暂，击球技术多变，捧、推、托、踢皆可。

（4）教学的规范性。软式排球由于球轻、软，击球的手形和用力稍有不规范，球便失去控制。所以，击球练习过程中必须严格按动作要领做，以提高击球的稳定性和准确性。

（5）严密的集体性。排球比赛是集体项目，除发球外都是在集体配合中进行的，队员之间要相互协调、配合默契，充分发挥集体力量。

根据软式排球特点，参加软式排球运动不仅能提高人的速度、耐力、力量、灵敏、柔韧等身体素质和运动能力，改善身体各器官、系统的机能状态，而且还能培养机智、果断、沉着、冷静等良好心理素质。软式排球的比赛和训练可以培养团结协作的团队精神，也可以锻炼胜不骄、败不馁，奋发向上的拼搏精神。

二、软式排球练习中运动损伤的预防

软式排球虽然是隔网对抗项目，不像足球、篮球、手球等直接对抗球类项目那样有身体冲撞受伤的危险，但软式排球运动的特点，决定了参加者仍然有劳损、意外受伤的危险。

（1）加强预防运动损伤意识。对队员（学员）要进行宣传教育工作，使他们了解排球运动的特点、易发生损伤的部位和情况，从而在思想上对可能产生的损伤有所准备。

（2）加强身体全面训练。提高机体对运动的适应能力，是预防运动损伤的一种积极手段，特别要注意加强膝关节、肩关节、手指关节、手腕关节等相对薄弱部位的训练。

（3）教练员（教师）要认真钻研教材。要了解每次教学训练课及练习中易发生损伤的技术动作，事先做好准备，采取相应措施，合理安排教学、训练和比赛。

（4）要认真做好准备活动。准备活动的内容和量应根据所要进行练习的活动性质、队员的个别情况及气象条件而有所调节。如在扣球、拦网等跳跃练习前应多做一些下肢的准备活动，发球、扣球前多做一些肩关节的准备活动。准备活动结束与正式运动的间停时间以 1～4 分钟为宜，一般做到身体发热、微微出汗即可。冬天准备活动量可加大。

第二章　软式排球技术

软式排球技术概述

准备姿势和移动

传球

垫球

发球

扣球

拦网

第一节 软式排球技术概述

一、软式排球技术的概念和特点

（一）软式排球技术概念

软式排球技术是指运动员在比赛中采用的各种合理击球动作和为完成击球动作而采用的其他配合动作的总称。与普通排球一样包括发球、垫球、传球、扣球和拦网，它们是排球运动中 5 项完整的击球动作，又称有球技术。凡属没有触及球的各种准备姿势，如移动、起跳以及前扑、滚翻、鱼跃、倒地等均为配合动作，或称无球技术。合理的击球动作和配合动作，首先要符合规则的要求，符合人体结构学和运动生物力学的原理，同时要结合个人的特点。完成动作时要做到协调、轻松、正确、省力，能够充分发挥人的体能和技能，能充分运用时间和空间上的变化。

软式排球技术主要由步法移动和击球手法组成。同时，由躯干、视野和球场意识相配合，使之成为融合一体的动作。软式排球规则允许比赛中运动员用身体任何部位击球，由于手和手臂是身体各部位中感觉最灵敏、活动最灵活、控制范围最大的肢体，所以软式排球运动的各项技术主要是利用手、前臂来击球，但在应急情况下也可用身体其他部位击球。

软式排球技术是在比赛实践中逐步形成、发展和完善的。随着软式排球的发展、规则的改进，其技术也在不断创新和演变。但在比赛中，能否高质量地完成集体攻防配合、取得最后的胜利，往往取决于每个队员对各项技术全面、熟练、准确、实用的掌握程度。为此，在对初学者特别是青少年的教学与训练中，要强调全面学好各项技术，不可有所偏废。

（二）软式排球技术特点

1. 击球时间短暂

规则规定，比赛中运动员完成击球动作时，球可以被反弹到任何方向，但不得将球接住或抛出。也就是说球被击出时不允许球在手上或身体其他部位滞留时间过长。因此，运动员必须果断、准确地完成击球动作。运动员在平时的训练中必须要注意培养良好的"手感"，并不断改进和提高击球的能力。

2. 身体触球的部位不受限制

软式排球比赛中，除发球技术必须用一只手或手臂将球击过网外，运动员可用身体任何部位去击球。虽然身体各部位均可击球，但由于手和手臂击球的准确性高、活动最灵便，因此在排球各项技术中仍是以手和手臂击球为主。除手和手臂击球外，其他身体部位，如头、上体乃至下肢击球，对防守或处理某些困难球时也能起到一定的辅助作用。

3. 球不准落地

比赛中从发球开始球即进入空中飞行，不得落地。因此，每一次击球都是球在空中飞行时进行的。这就要求运动员有良好的时间、空间、位置感觉。

4. 攻、防技术必须全面

比赛规定每个队员都要进行位置轮转，在客观上要求每个队员必须具备全面的攻防技术，不仅能在空中最高点完成扣球和拦网等技术，而且还要掌握防守中的摔、滚、跃、扑等地面防守技术，做到能攻善守、攻防兼备。

二、软式排球技术的分类

软式排球技术可分为无球技术和有球技术，又称配合动作和击球动作（图 2-1-1）。

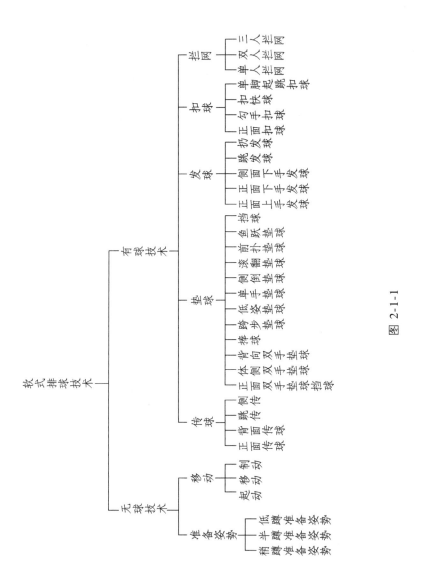

图 2-1-1

三、软式排球运动基本功

基本功是指从事运动所必备的体能、技能和心理品质。它是从运动实践中不断总结和提炼出来的最常用、最具有规律性的各种专项体能和操作技能，并已具有一系列综合性的锻炼方法和提高人体各部位机能的手段。而软式排球的基本功训练方法和手段突出了软式排球运动的专项特点与要求，在注重发展身体各部位速度、力量、柔韧、灵活等素质的同时，又注意到人体内脏机能及心理素质的提高，具有内外结合的特点。青少年运动员若能参与软式排球基本功训练，不仅可以增强体质，还可为其将来达到较高水平打下有利的、扎实的基础。此外，若能加强软式排球基本功训练，也可为其转型发展排球技术奠定良好的基础，为掌握高超技术创造有利条件。

软式排球运动的基本功可分为：上肢、下肢、腰部和视觉判断 4个方面的内容。上肢基本功是指排球运动员手或手臂对球的击打、控制、微调和感觉能力。手上基本功好的运动员击球效果往往也好，给人以技术熟练、击球精准、动作连贯、柔和、省力的印象。

上肢基本功的训练主要是加强上肢各关节肌肉群的速度力量，增进肩关节韧带的柔韧性和活动范围，提高上肢鞭打动作的连贯性和协调性，增强手指、手掌、小臂等部位触球时的感知能力，不断改进动作技巧，提高控制球的技能等。下肢基本功是指运动员在不同情况下利用脚步移动、制动、转身和起跳等动作，及时改变位置和方向，争取时间、空间和高度的能力。在比赛中，运动员除要进行大量的快速起动和移步外，还要求制动与转身快、跳得高、蹲得低、扑得远、弹跳耐力好，善于保持好人、球、网的位置关系，处理好各种困难球，提高击球的质量。下肢基本功的训练主要是发展下肢各关节的柔韧性和肌肉群的速度力量，提高步法的灵活性，加强低姿移动的速度耐力和弹跳耐力等。

腰部基本功是指运动员进行各种移动、助跑、转身、起跳、扑滚以及空中控制身体平衡、移动身体重心等能力。具体表现在完成各种技术动作时，腰腹肌肉的收缩和腰部转动的灵活性好，空中改变动作和滞空能力强。腰部基本功的训练，主要是发展脊椎和腰部各肌肉群的柔韧性与弹性，加大腰部活动范围，重视腰腹力量和灵活性的训练，提高腰部肌肉的伸展和收缩速度，熟练腰髋转动、重心转移和各种屈伸等动作，这一些训练可统称为核心力量训练。

视觉判断基本功是指运动员的观察判断能力。在场上，队员在采取行动前，首先要观察对方和本方有关队员的位置、姿势、动态；要判断球网、标志杆和自己的方位关系；要判定来球的路线、球速、落点等，及时取位，有效地提高击球的效果和减少失误。因此，要求队员视野要宽，观察要敏锐，环视能力强，并重视对注意力集中和分配能力的训练。视觉判断基本功的训练主要是通过各种视觉信号进行练习，通常也采取与球场意识、技术运用、战术配合等结合起来的方法进行练习和提高。

第二节　准备姿势和移动

准备姿势和移动是软式排球基本技术的内容之一，又称无球技术。准备姿势和移动的关系密切、不可分割。准备姿势是为了更好地移动和完成各种击球技术，要迅速移动和使技术动作规范化就必须练好准备姿势。准备姿势和移动是在比赛中用得最多、影响最大的技术。

一、准备姿势

准备动作是在起动、移动和击球前队员所采取的合理身体姿势与动作。合理的身体姿势与动作是指既要使身体重心处于相对稳定状态，又要便于进行起动、移动、起跳和完成击球动作。运动员在比赛中，由于所处位置和担负的任务不同，必须采取不同的身体姿势和动作。如防守时的低蹲准备姿势、接发球时的半蹲准备姿势、二传手在网前等待来球时的稍蹲准备姿势等均称为"比赛准备姿势"。此外，运动员在进行某一单项技术开始时的准备姿势，称"单项技术准备姿势"，如发球、传球、拦网等技术的准备姿势，属于单项技术范畴的内容，将在学习各项技术时进行介绍。

（一）准备姿势的作用及特点

1. 准备姿势的作用

合理的准备姿势能保证快速起动、移动去接近球，规范地完成各种击球动作。同时，良好的准备姿势便于应付突发的情况，能适应攻防节奏快速变换的需要，保证技术动作的协调性和完整性，使单项技术动作规范化，从而提高技术质量，减少不必要的失误。

2. 准备姿势的特点

（1）运动员在比赛场上每次做准备姿势后不一定都能击球。据统计，比赛中做各种准备姿势的次数，要比实际击球次数高 4 倍。即便如此，在比赛与训练中也必须养成认真、适时地做好准备姿势的习惯，才能做到有备无患，减少失误。

（2）正确的准备姿势和动作应使肌肉保持适度的紧张，这比肌肉完全放松和过度紧张更有利于起动。

（3）准备姿势应包括动作上的准备和心理上的准备两方面内容。只有身体动作上的准备而无注意力高度集中和良好的心理状态，同样会影响判断和起动的速度。因此，运动员在完成动作准备的同时要集中注意力，重视注意力的分配和转移，才能提高判断的准确性，及时做出反应合理的动作。

（二）准备姿势的分类（图 2-2-1）

图 2-2-1

1. 稍蹲准备姿势

该姿势一般用于当对方正在组织进攻，或球虽在本方但离自己较远不需要立即移动击球时，以及在进行扣球、二传前和接速度较慢弧度较高的来球时。这些情况都可采用稍蹲准备姿势。

（1）技术方法。

两脚左右开立稍比肩宽，一脚在前，膝关节保持微屈，上体稍前倾，重心位于两脚之间，适当靠近前脚，脚跟稍提起。两臂放松，自然屈肘置于腹前近身处。全身肌肉适当放松，两眼注视球并兼顾场上各种情况，两脚保持微动状态（图 2-2-2）。

（2）技术分析。

① 稍蹲准备姿势由于身体重心比半蹲、深蹲准备姿势高，便于进行距离较长的移动而不便于接低球。因此，准备时应根据球位置、方向和重心的高度随时调整身体，使之有利于快速向需要移动的方向做相应的动作。

② 做稍蹲准备姿势时，双手比其他准备姿势更靠近身体，这样便于快速移动。两膝不宜过多弯曲，上体前倾也不要太大，注意省力，做到既有充分准备，又不过多消耗体力。

2. 半蹲准备姿势

半蹲准备姿势是比赛中最基本的准备姿势，在接发球时运用最多。半蹲准备姿势主要为短距离移动和防较低的来球做准备。

（1）技术方法。

半蹲准备姿势比稍蹲准备姿势的身体重心略低，上体前倾稍大，其动作方法相似（图 2-2-3）。

（2）技术分析。

① 做半蹲准备姿势时，膝部的垂直影线应落在脚尖前面，身体重心稍前倾，这样有利于向前和斜前方快速起动、移步或做倒地动作。

② 两膝弯曲应稍大，脚跟稍离地，便于预先拉长伸膝肌群，增加起动移步时的后置力量，利于向各个方向及时发力蹬地起动，便于及时跳起、下蹲和倒地。

③ 接发球时，双手置于腹前略向前伸，这样有利于对准快速的来

球和缓冲重球的反弹力。

3. 低蹲准备姿势

低蹲准备姿势主要用于后场防守（接扣球）与前场保护（接拦回球）以及接低远的球和倒地。这种准备姿势由于重心低，故便于做短距离移动和插入球下进行低姿垫球，不便于做距离较长的移动，体力消耗也较大。

（1）技术方法。

低蹲准备姿势的身体重心比半蹲准备姿势更低和更靠前，两脚开立的距离也更大，两膝弯曲程度较大。膝部前移，使膝部的垂直投影线落在脚尖前；上体前倾，使肩部的垂直投影线超过膝部。两臂置于胸腹前方（图 2-2-4）。

图 2-2-2 　　　　　　　图 2-2-3 　　　　　　　图 2-2-4

（2）技术分析。

① 由于运动员在场上防守的位置不同，低蹲准备姿势分为后场防守和前场保护两种准备姿势。后场防守时要求上体前倾，重心靠前，便于接扣球及向前扑救各处低远球；前场保护时要求上体应基本直立，重心要平稳，便于观察和快速伸臂接落点靠近球网的拦回球。

② 低蹲准备姿势便于接低远球，而不便于移动，所以防守时的判断取位更为重要，在选择防守位置的同时降低身体重心，在未判清来球情况前不能过早失去身体的平衡。

（三）准备姿势教学与训练

准备姿势教学顺序。准备姿势教学应以半蹲准备姿势为主，由原地过渡到行进间的练习；进一步结合其他技术的练习。

讲解。以半蹲准备姿势为主，讲明准备姿势的目的、作用、分类以及准备姿势的动作方法。其讲解顺序应为：两脚位置→双膝动作→重心位置→上体姿势→手臂位置与动作→两眼注视方向→全身保持的状态。

示范。教师面对学员，应采用边讲解边示范的方法。示范时应是镜面示范和侧面示范相结合。

示范的队形：

（1）学员站成两列横队，教师站在队伍前中间位置。学员看教师的手势做各种准备姿势。

（2）队形同（1）。学员原地做各种跑跳动作，看到教师发出的信号后，立即做好预定的准备姿势。

（3）每两排面对面站立，其中一排先做准备姿势、观察其做准备动作，并指出错误，给予纠正。对面两排轮换进行。

二、移动

运动员从起动到制动之间的位移和动作称为移动。它是由起动、移动、制动三个环节所组成。起动是移动的开始，它是在准备姿势基础上变换身体重心的位置，破坏准备姿势重心的稳定，使身体便于向某一方向移动；移动则是在起动的基础上，利用脚步动作来改变运动员在场上的位置，完成技术动作和战术配合的行动；制动是移动的结束，要及时克服身体的惯性冲力，保持好击球前的身体姿势。移动的目的是合理取位和迅速去接近球，保持好人与球的位置关系。

（一）移动的作用及特点

1. 作用

移动能使运动员迅速地去接近来球，占据场上有利的位置并争取到一定的时间和空间，完成各种击球技术和战术配合，从而提高技术和战术的质量，减少失误。

2. 特点

（1）原地起动多在比赛中，大多数的移动是从原地或跳起落地后开始起动的，这就要求运动员采用合理的准备姿势和正确的落地技术，以加快起动速度。

（2）移动距离短。由于软式排球场区面积不大，长距离的跑动比较少，一般以 2～3 m 的移动最多，运动员很难发挥出最高的跑速，主要依靠快速判断并做出反应、移步灵活来加快移动的速度。

（3）起动、移动、制动之间衔接紧密。由于排球比赛中移动距离短，往往刚开始起动、移动紧接着就要进行制动击球。为此，在平时必须把起动、移动、制动以及起跳、转身、倒地等动作串连起来进行练习，才能收到良好的效果。

（二）移动的分类（图 2-2-5）

图 2-2-5

（三）移动的各部分技术分析

1. 起动

起动是移动发力的开始，它的快慢是移动的关键。起动的速度取决于正确的准备姿势、反应能力、腰腿肌肉的速度力量以及身体协调性。现以原地向前起动为例，由于迈出脚不同，基本方法有两种。

（1）技术方法。

① 在正确的准备姿势基础上，迅速抬起前腿（准备向前迈步），同时收腹使上体向前倾斜，后腿迅速用力蹬地，使整个身体急速向前

起动。

②方法同上。但以前腿为支撑，后腿向前迈出，迅速向前起动。

（2）技术分析。

①为了使身体重心迅速向前移动，有时还可以在抬腿之前，后脚跟做快速垫地（或后脚适当后移一小步），然后过渡到前脚掌立即用力扒地，后脚跟做快速垫地（或后腿的后撤）起到缩小蹬地角度，增大向前水平分力的作用。

②起动时的主要用力在于蹬地腿的肌肉爆发式的收缩。当腰腹动作和上下肢的配合力量使上体快速向移动方向倾斜或转动，身体重心超出支撑面后，蹬地腿肌肉的速度力量越强，则起动速度就越快。

2. 移动步法

运动员在起动后，应根据完成技术动作和战术配合的需要，灵活运用各种步法进行移动。现将常用的各种步法介绍如下。

（1）并步与滑步。

①技术方法。

以向前并步为例。后腿先蹬地，前脚向前跨出一步，后脚再迅速跟上，做好击球前的准备姿势。若向体侧连续快速做两次以上的并步，则称为滑步。

②技术分析。

并步主要用于短距离移动。其特点是转身变换方向快，容易保持身体平衡，便于制动和完成击球前的准备动作，向各个方向移动均可采用。

当来球较远，使用并步不能接近球时应采用滑步，它只宜于向左右侧做短距离移动，其特点是便于制动。故并步和滑步主要用于传、垫一般高球和拦网。

无论是并步还是滑步，移动时身体的重心不应有过大起伏，应保持在一个水平面上，以达到快捷移动的目的。

（2）跨步和跨跳步。

①技术方法。

跨步时，一腿用力蹬地，另一腿向来球方向跨出一大步，膝部弯曲，上体前倾，身体重心移至跨出腿上。跨跳步是在跨步的基础上，蹬地脚用力蹬离地面，使身体有一个腾空的阶段。跨步脚落地后，蹬地脚及时跟上，两膝保持弯曲，上体前倾，降低重心。

② 技术分析。

a. 在短距离移动中，跨步的速度最快，其中又以向前和斜前方跨步最为方便，它跨距大，便于降低重心进行低点击球。但由于跨步后两腿不易再做其他步法移动，故一般在并步、交叉步、跑步的最后，借助跨步来接近球和进行制动。

b. 跨跳步是在跨步还不能接近来球时采用的。跨跳步宜向前方和斜前方移动，不便于向侧方移动。

c. 跨步时蹬地猛，体前倾，重心不宜上浮，而应直接偏向斜下方，同时前后脚依次落地，屈膝缓冲保护各关节不受损害。

（3）交叉步。

① 技术方法。

若向右移动时，上体应稍向右转。左脚从右脚前向右交叉迈出一步，然后右脚再向右跨出一大步，落在左脚右侧，同时身体转动对准来球方向，保持出球前的准备姿势（图 2-2-6）。

图 2-2-6

② 技术分析。

a. 当来球在体侧 2～3 m 距离时，采用交叉步去接近球最为适宜。它只适于向侧移动，特点是步子大、速度快、制动好，便于观察对准球，故二传手和拦网者在网前移动及防守两侧一般来球时采用较多。

b. 交叉步在起动时（以向右移动为例），除身体应稍向右转动和倾斜外，右脚尖也应自然转动，这样便于调整身体对正的方向和左脚的交叉和右腿的蹬地发力。

（4）跑步。

① 技术方法。

采用跑步时，首先要边观察球的动向边做出反应，然后再逐渐加大步幅和加快步频，两臂要配合摆动，跑向目标，后调整脚步准备最佳击球姿势。

② 技术分析。

a. 球离身体较远时采用跑步。其优点是速度快，可随时改变方向，但因跑步时身体重心比较高，故快速跑动后制动比较困难，需 2～3 步减速缓冲后才能制动，所以它通常用于击高球，解决困难球时也可在跑动时迅速降低重心击低球。

b. 跑步经常与其他步法结合起来运用。如向侧移动时，常先用交叉步转身后再跑步；向后移动时，常先用小碎步快速后退再转身跑步。在接近球时，采用各种步法调整来制动，并完成击球动作。

c. 后退跑虽然速度较慢，但不需要转身且便于观察前方情况和来球。后退跑在移动距离较短且时间充裕时运用。

3. 制动

制动是移动的结束，也是击球动作的开始。在快速移动后，至击球动作前，身体需要有一个相对稳定的击球准备姿势，以利于完成击球动作。提高击球质量，必须经过制动。制动不单是为了克服身体移动的惯性，同时也是为了与下一个动作进行衔接和做好准备姿势。

（1）技术方法。

① 一步制动法。

一步制动时，在移动最后跨出一大步，同时降低重心，膝部和脚尖适当内转，全脚掌横向蹬地，以抵住身体重心继续移动的惯性力。并以腰腹力量控制上体，使身体重心的垂直线停落在脚的支撑面以内。

② 两步制动法。

即以最后第二步开始做第一次制动，紧接着跨出最后一步做第二次制动，同时身体后倾，两膝弯曲，降低重心，双脚用力蹬地，使身体处于有利于做下一个动作的状态。

（2）技术分析。

① 移动最后跨出一大步制动的同时，上体要后仰，屈膝并降低重心。使身体重心后移，这样可以减小制动腿的蹬地角，利于制动。也就是说，制动步的着地点距身体重心越远，支撑蹬地力量越大，向后的水平分力也越大，制动效果越佳。

② 一步制动法是在移动距离短，前冲力不大时采用；两步制动法则是在快速移动后，冲力较大的情况下采用。

（四）移动教学与训练

1. 移动教学顺序

（1）移动教学应按并步、滑步、交叉步、跨步和跨跳步、综合步的顺序进行。一般安排在课的前半部分，可结合反应、灵敏、速度及协调等身体素质的练习进行教学和训练。

（2）在各种准备姿势的基础上，让学员根据教师的手势方向，由慢到快进行各种步法练习。

（3）在初步掌握各种步法以后，可以设计各种移动步法的小游戏或小比赛进行移动步法的练习，使练习形式更灵活多样。

（4）结合移动进行抛接球、传球、垫球练习，使移动步法能熟练运用于实践。

2. 讲解

讲清移动的目的、作用、特点及分类，各种移动的动作方法。

3. 示范

可采用边讲解边示范的方法。无论是进行向前移动示范还是侧向移动的示范，应主要以侧面示范为主，示范队形、位置与准备姿势相同。

4. 移动教学训练方法示例

（1）集体移动练习。全体学员成两列或四列横队，以半蹲准备姿势站立，看教师示意（手势），做向前、后、左、右的一步或两步移动练习。

（2）两人面对面站立成半蹲准备姿势，由其中一人领做；左、右方向移动。

（3）两人一组，一人持球向前、后、左、右抛球，另一人不停地快速向各方向用低手或上手接球。练习时抛球距离应以 3 m 左右的近距离为主。

（4）学员在中线与进攻线之间，用低姿势进行左右滑步或交叉步来回移动，并用手摸中线和进攻线。

（5）学员在规定地点做好准备姿势，教师以垂直抛球为信号，学员力争在球没有落地之前从球下钻过。抛球的高度应根据学员的距离以及移动能力来确定。

（6）学员与教师隔网面对站立，教师向网对面任意方向抛球，学员根据抛球的方向迅速移动，在球没有落地前将球接住或传球、垫球等。

第三节　传球

传球是用全身协调力量并通过手指、手腕的弹力，将球传至一定目标的击球动作。传球是软式排球运动中一项重要技术，是组织进攻战术的基础。

一、传球的作用及特点

（一）传球的作用

软式排球的传球通常用于接一传和二传。由于软式排球的飞行速度较慢，而且规则中对第一次击球的持球犯规较宽松，因此接发球时可以使用传球技术；二传是指把本队防守起来的球传给扣球队员进攻，为进攻创造条件的传球。一个队的进攻水平能否充分发挥，在很大程度上取决于二传的水平。二传好，可组成各种进攻战术，起到穿针引线的作用。另外，传球经常被用来接对方的推攻球、被拦回的高球，甚至在应急情况下的接发球和接轻扣球，也可运用于二传吊球和处理球。

（二）传球的特点

1. 准确性好

传球是以双手成半球状来击球，触球的面积大，容易控制传球的方向。又因传球的击球点在脸额前上方，便于观察来球情况和传球目标，再加上蹬地、伸臂等动作容易协调配合，形成的合力稳定，所以传球的准确性高于其他击球技术。

2. 变化灵活

由于传球的击球点比较高，在击球瞬间利用手指手腕动作来改变传球方向比较方便。此外，在技术熟练后，击球点的高度也可适当变化。加上球在手上有一个缓冲的过程，球离手的时间和速度在规则允许的前提下，可由传球队员灵活掌握，使传球的节奏富于变化。加之目前在二传中的各种假动作和隐蔽动作的增多，传球的方向和速度很难被预判。

3. 低远球不便采用传球

当来球低而远时，快速移动和降低身体重心去传球比较困难。此外，在低姿情况下只能依靠手臂，甚至手指、手腕动作来传球，用力不便。故遇来球低而远时，一般都不采用传球技术。

二、传球的分类（图 2-3-1）

三、正面传球

面对目标的传球称正面传球。这是最基本的传球方法（图 2-3-2）。视频教学见 82 页二维码。

（一）技术方法

1. 准备姿势

近似稍蹲姿势，但上体稍挺起，抬头看球，两手自然抬起，五指张开作半球状，屈肘仰腕，放松置于脸额前。

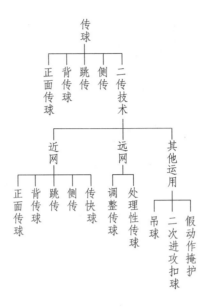

图 2-3-1

图 2-3-2

2. 迎球动作

当来球接近额前时，开始蹬地、伸膝、伸臂，手指微张从脸额前向前上方迎球，全身各部位动作应协调一致。

3. 击球点

在脸额前上方约一球距离处击球。

4. 手形

手触球时，十指应自然张开成半球状，手腕稍后仰，以拇指内侧、食指全部和中指的二、三指节触球的后下部，无名指和小指在球两侧辅助控制传球方向，两拇指相对近"一"字形，两手间要有适当距离（图 2-3-3）。

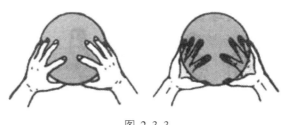

图 2-3-3

5. 用力方法

传球动作首先是由伸膝、伸髋使身体重心升高开始的；紧接着再屈踝、抬臂、伸肘、送肩，在身体重心上升的同时两手迎向来球；在手和球即将接触前，手腕和手指有前屈迎球的动作；手和球接触时。各大关节继续伸展，手指手腕最后用力将球传出。在上述用力顺序中，下肢蹬地和伸臂动作应贯穿整个传球动作的始终，最后通过手指手腕动作将全身协调力量作用于球体。

6. 传球后动作

身体重心随即下降，两手自然下收，准备做其他动作。

（二）技术分析

1. 击球点

初学传球时，击球点必须保持在前额的正前上方约一球处。在这一位置击球时，便于全身协调用力，击球点与两肩能保持相等的距离，使两臂用力均匀，有利于提高传球的准确性和稳定性。此外，在这一位置击球时，肘关节尚有一定弯曲度，便于继续伸臂用力，有利于变化传球方向。若击球点过高或太偏前方，两臂不便于向前上方做传送动作；若击球点过低，则不便于运用全身协调力量传球。

2. 手指手腕的击球动作

手指手腕灵巧的击球动作是学习传球技术的难点，也是进一步提高控制球能力的关键。虽然在一般情况下不是靠主动屈指、屈腕的动作来传球，但它对完整的传球技术来讲，就像是最后一道精雕细琢的加工过程，对传球的质量影响很大。触球前，手指手腕与其他关节一样应有一个前屈的迎球动作，由于这一动作很小，所以做动作更要及时。其动作顺序应由手腕的前屈带动手指的前屈迎球。此时手指、手腕应根据来球的速度和传球的距离，保持适宜的紧张度。来球轻时，手指、手腕的迎球动作应相对柔和些；来球急时，指腕要紧张些，动作要快些，用力也应大些。

3. 全身协调动作

传球是依靠下肢蹬地、伸臂、手指、手腕的反弹力和主动屈指、屈腕的力量及球体自身反弹力等所产生的合力来击球的。而其中主要是伸臂和手指、手腕的反弹力，并辅之以蹬地力量。这个传球的用力过程体现了从大肌肉群到小肌肉群、从大关节到小关节、从下肢蹬地到最后手指击球的合理用力顺序。整个动作要连贯协调，才能清晰地将球传出。如果忽视了全身协调动作，单纯以手臂或指腕动作来传球或是全身用力不及时、动作不连贯、用力与来球方向不一致时，将会直接影响传球的质量。所以初学者必须重视用全身协调的伸展力量来迎击球，养成蹬地、展体，伸臂传球的习惯。在这个基础上不断提高手指、手腕控制球的能力，才能学好正确的传球技术。

（三）正面传球教学与训练

1. 正面传球教学顺序

正面传球的教学顺序，应从原地传球基本功开始，在初步掌握正确的手形、用力和击球点后再学习移动传球。先学向正前移动传球，再学习向后、左、右移动传球。在掌握好移动传球之后，可进行转换方向的传球和其他更有难度的传球技术。

2．示范

可先进行示范，也可讲解后再示范或边示范边讲解。为使学员看清动作，正面、侧面示范都要做。

3．讲解

要讲解正面传球的作用与重要性、正面传球动作技术要领，正面传球技术是学习其他传球的基础。讲解时应重点讲解技术的关键环节，严格要求传球手形。语言应精练、重点突出、形象。

4．教学训练方法示例

（1）模仿传球时蹬地、伸膝、伸臂动作，自额前上方出手，用正确手形做徒手传球动作。

（2）个人练习或两人一组练习，向自己或同伴额前上方抛球，在额前上方用正确手形将球接住，然后自己检查手形和击球点。

（3）个人练习，将球轻抛至额前上方后，用蹬地、伸膝、伸臂及手指手腕弹送动作将球传向对方。

（4）两人一球，一抛一传。

（5）两人一球对传，相距 3~4 m。

（6）一人有意将球抛于同伴附近，另一人短距离移动传球。

（7）两人在网前做顺网对传球。

（8）三人一组站成三角形传球，也可以安排其中两人在网前。三人练习一段时间后可交换位置。

（9）三人一组，交换位置传球；也可一人固定，两人前后交换位置传球。

（10）远距离传球练习。

（11）移动传球练习。

四、背传

背对传球目标的传球称背传。背传是传球技术中的一种基本方法

（图 2-3-4）。

图 2-3-4

（一）技术方法

1. 准备姿势

上体比正面传球时稍后仰，身体重心在两脚之间，双手自然抬起，放松置于脸前。

2. 迎球动作

迎球时，抬上臂、挺胸、上体稍后仰。

3. 击球点

保持在额头的上方，比正面传球时略偏后一些。

4. 手形

与正面传球相同，但触球时手腕稍后仰，掌心向上，拇指托在球下，击球下部。

5. 用力方法

背传用力是依靠蹬腿、展体、抬臂、伸肘，并通过手指手腕的弹力，把球向后上方传出。

6. 传球后动作

应立即转身随球去保护、接应，或准备做下一个动作。

（二）技术分析

（1）背传时，下肢蹬地的方向是接近与地面垂直的，通过展体、挺胸、抬头的动作，使抬臂、伸肘、送肩的协调用力方向偏向后上方。因此，背传的击球点应保持在接近头上方的位置。

（2）由于背传时看不到传球的目标，不能像正面传球那样边观察边调整身体姿势和动作来对准传球目标。因此，必须先观察传球的方向和距离，尽量使背部对正传球目标。传球时，手腕始终要保持后仰，充分利用手腕和手指的动作来控制传球的方向和落点。

（3）良好的方位感觉是提高背传质量的重要条件。背传时，方向和位置感觉精确，才能有意识地去控制球的路线，将球准确地传至目标。在来球路线和传出球的方向接近直线时，背传最为方便；若两者夹角小于90°时，背传比较困难。

（三）背传的教学与训练

1. 背传教学顺序

正面传球的教学应先从自传球练习开始，在可以灵活应用腰背肌群控制重心之后再学习背传。先学原地背传，再学习移动背传。

2. 示范

可先进行示范，也可边示范边讲解。为使学员看清动作，应换多个角度进行示范。

3. 讲解

要讲解背传的作用与意义、动作技术要领。讲解时应重点讲解技术的关键环节，严格要求传球手形。讲解与示范密切结合。

4. 教学训练方法示例

（1）模仿传球时蹬地、伸膝、伸臂、重心后倾的动作，自额上方出手，用正确手形做徒手背传球动作。

（2）两人一组练习，向自己额上方抛球，蹬地、伸膝、伸臂、身体重心稍后倾，双手在额上方用正确手形将球背传出，同伴将球接住。

（3）三人一球，三人站成一条线，每两人间隔 3～4 m，传球人站在其他两人中间位置。一人抛，一人背传，一人接球。

（4）三人一球在网前练习，方法同（3）。

（5）三人一球在网前进行移动练习，站法同（3），抛球人有意将球抛在传球人周围，传球人进行短距离移动后再背传球。

（6）三人一球，其中传球人和接球人站在网前，传球人背向站在另一人前方 4～5 米处。第三人站在远网处抛球，可从多个方向抛球进行背传练习。

五、跳传

跳起在空中传球称为跳传。

（一）技术方法

1. 准备姿势

快速取得最佳起跳点，双臂向身后摆动，稍蹲，注视来球，准备跳传的起跳动作，应尽量争取做到向上起跳。

2. 迎球动作

当来球接近头上方时，开始蹬地起跳，人在空中上升到最高点时，收腹且稍屈膝收腿，紧接着在无支撑点的情况下快速蹬腿、展腹，手指微张在脸额前向前上方迎球，全身各部位动作应协调一致。

3. 击球点

在脸额前上方约一球距离处击球。

4. 用力方法

双臂向上摆动帮助起跳后，两手顺势举在脸前，身体在空中保持好平衡，当身体上升到最高点时，主要靠快速伸臂的动作，并适当加强主动屈指、屈腕的动作将球传出。由于人在空中，无支撑点，传球时用不上蹬地的力量，所以击球点比原地传球要略低些，手臂要充分伸展，靠加大伸臂动作来给球力量。

5. 传球后动作

一落地就立即转身随球去保护、接应，或准备做下一个动作。

（二）跳传的教学与训练

1. 跳传的教学顺序

学习跳传前应先学习原地向上起跳和各个方向一步移动后起跳，在可以灵活应用起跳、空中制动和空中协调发力之后再学习跳传球。先学原地跳传，再学习移动跳球。

2. 示范

可先进行示范，也可边示范边讲解。为使学员看清动作，应换多个角度进行示范。

3. 讲解

要讲解跳起传球的作用与重要性以及动作技术要领。讲解时应重点讲解起跳和空中协调发力的技术环节。讲解应与示范密切结合。

4. 教学训练方法示例

（1）模仿跳传时起跳、制空的动作，自额上方出手，伸膝、伸臂用正确手形做徒手跳传动作。

（2）两人一组练习，一人轻抛球至练习者头上方，一人跳传将球传回。

（3）两人一球在网前练习，练习方法同（2）。

（4）三人一球，其中传球人和接球人相向站在网前，两人间距 5 ~ 6 m 处。第三人站传球人的侧前方或一侧抛球进行跳传练习。

六、侧传

身体侧面对着传球目标，在身体不转动的情况下，靠双臂向体侧方向迎伸传球的动作称侧传（图 2-3-5）。

图 2-3-5

　　侧传的准备姿势、手形与正面传球相同，但击球点应偏向传出方向一侧。迎球时，通过下肢蹬地使身体重心向上伸展，上体和双臂应向传球方向一侧伸展。异侧手臂的动作幅度应大些，伸展的速度也应快些，同时上体应伴随向传球方向一侧倾斜。

　　教师在教授侧传球作用和重要性时应结合二传专项技术对其进行讲解。讲解技术时边讲解边示范更加直观，容易被接受。

　　练习方法在正面传球和背传球的基础上，由浅至深，从定点练习到移动练习，从远网练习到近网练习，加深技术实用性和难度。

七、二传的技术运用

　　在组织进攻中的第二次击球称二传。它是从防守转入进攻的桥梁和纽带。二传质量好，可以弥补一传和防守的不足；若二传队员有稳定扎实技术还可以在传球时用假动作迷惑对方，牵制对方，达到助攻的目的；有时二传可直接吊球或直接扣球，出其不意，攻其不备，并且成为一个进攻点。相反，二传质量不好，就不能充分发挥进攻队员的作用和威力，也不能保证战术配合的实施。

（一）二传的特点

1. 网前传球多

　　二传队员组织进攻时，绝大多数是处在近网处进行传球的，传球移动时的身体动作都受着球网的限制。为了避免触网与过中线犯规，移动、制动、转身和靠近球网一侧的肩、肘动作，都应受到一定的控制。要求二传队员移动取位要及时，身体平衡能力要强，传各种近网球时身体和手臂动作要有所变化。这是一种技术性很强的应变能力，需要有扎实的传球功底和一个对位置适应和熟练的过程。

2. 移动、转身动作多

二传队员不论是在后排插上传球，还是网前换位后传球，以及拦网、扣球、保护后的接应传球，都需要移动、取位和转身。移动的目的是快速取位，以弥补一传的偏差，做好传球前的准备，减少失误；转身动作是为了对正传出球的方向，提高传球的准确性。因此，二传队员的移动和转身动作熟练与否，移动和转身后的方向、位置感觉、平衡能力的强弱，对组织进攻战术的质量都有很大影响。

3. 击球点的位置变化多

由于一传来球方向、速度、球性不同，因此，二传队员很难将各种不同的一传来球保持在同一个击球点位置上进行二传，必须根据来球的速度、落点、弧度等具体情况，采用适当的动作和变化手法来适应这些特殊情况，传出好球。

（二）二传队员的要求

1. 移动快，取位好

移动快，能使二传队员提前抢占到最佳的传球位置。在传球前瞬间观察场上的情况，这样有利于组织各种战术配合。此外，二传队员快速移动取位的能力，在一定程度上能弥补一传的不足，减少一传与二传串连的失误，有利于提高二传的质量和进攻战术的组成率。这对稳定全队情绪有一定的保证作用。

2. 传球手法好，应变能力强

二传队员应掌握在同一击球点位置上传出各种方向、高度和落点的球到"一点多线"。此外，由于一传情况和组成战术的不同，二传队员还必须掌握多种传球的手法。

3. 视野宽阔，头脑冷静

二传队员在传球过程中，应看球又看人。此外，二传队员应做到知己知彼，了然在胸，才能根据观察的情况，当机立断，决定对策。

4. 调整节奏，加强控制

二传队员应根据进攻队员的助跑起跳情况，来调整和变化传球的节奏。其方法有二：一是改变身体姿势，采用跳传和头上高点传球，升高击球点，缩短二传距离，加快二传节奏；或采用下蹲传球降低传球点，延长球的飞行时间，以放慢节奏。二是改变传球动作，采用加速伸臂或主动加快屈指、屈腕，来缩短球在手上停留时间，以加快传出球的飞行速度；或放慢伸臂速度和适当放松手指、手腕，以加长球在手中缓冲的时间，放慢球的飞行速度。此外，二传队员要善于控制传球的用力大小和用力方向，用全身的协调力量来提高传球准确性。

5. 要有顽强的意志和协作精神

二传队员是全队的核心，要做到在任何困难情况下，临危不乱。此外，要有立足本职、任劳任怨、甘当配角、积极配合和努力为同伴创造进攻机会的精神。

（三）二传技术的运用

1. 调整二传

将一传不到位或离网较远的球，调整成便于进攻队员进攻的球，称为调整二传。

调整二传的动作与正面二传相同。因为调整二传以传高球为主，传球距离一般也较长，所以要充分利用伸膝伸臂及屈指屈腕，全身协调力量将球平稳传出。

2. 背向二传

背向二传可充分利用球网的全长，使进攻战术多样化。增加进攻点，并且有一定的隐蔽性和突然性。传球时，要背向传球目标，注意自己所站的位置，主要靠"手感"来控制传球的方向、速度和落点。如背传拉开高球时，要充分利用蹬地、挺胸、展腹和向后上方提肩、伸臂动作将球平稳传出。

3. 跳起二传

跳起二传是在一传来球较高而又靠近球网时，队员跳起在空中进行的二传，主要运用于传网上的高球和即将飞过网的球。为了加快进攻速度和节奏，跳起二传技术已被二传队员广泛运用。

4. 侧向二传

二传队员背对球网向两侧传球称侧向二传。这种传球适用于一传来球近网或平冲飞向球网时，它可以增加进攻的隐蔽性和突然性，还有利于突然转变为吊球。

5. 传快球

传快球是很多战术配合中的重要环节。要求一传、二传和扣球队员之间密切配合，才能取得良好的进攻效果。一个队快攻水平的高低，往往取决于二传水平。二传队员必须根据扣球队员的上步速度、挥臂速度和弹跳高度等来决定相应的传球速度和高度，主动把球"送"到扣球队员最方便的击球点上，才能获得良好的快攻效果，达到实施战术的目的。

6. 二传二次球进攻

二传的二次球进攻是指二传队员在进行传球给攻手前的瞬间，突然改变传球动作和方向，将球击向对方场区内。方法包括吊球和二次扣球，其中吊球容易掌控，较常使用。

二次球进攻是二传队员应该掌握的一项攻击性很强的技术。其中二传吊球进攻应该在二传动作逼真的情况下突然进行，这样才能在对方没有防备的情况下取得好的效果。二传吊球可分为双手和单手两种。

（二）二传的教学与训练

1. 二传的教学顺序

二传队员是软式排球比赛中的一个重要位置，他是组织进攻的核心。二传队员是从一个队里选出传球技术规范、稳定、全面的队员进行专门培训出来的。因此二传队员的教学起点要高于学员的零基础教学。一般从顺网正面传球开始学习，然后顺网背传、跳传，到传各种特点的来球，再到困难球的处理等，一步步加深学习。

2. 示范

可先讲解分析动作，再进行示范。为使学员看清动作，应换多个角度进行示范。

3. 讲解

要讲解二传各项技术的作用与重要性以及动作技术要领。讲解时应重点讲解实战中的技术应用。讲解应与模拟比赛情况相结合。

4. 教学训练方法示例

（1）教师从各个位置抛球，二传队员练习传2、4号位高远球。
（2）教师从各个位置抛球，二传队员练习背传2、4号位高远球。
（3）教师从各个位置抛近网球，二传队员练习跳传2、4号位高远球。
（4）与副攻配合快球和各种战术球。
（5）由教师抛球，练习网前处理球。
（6）由其他队员接一传给二传队员组织进攻练习。

第四节　垫球

用身体任何坚硬部位击球的动作称垫球（除手指弹击动作外）。但最常用的是小臂和手的坚硬部位击球。垫球是软式排球技术中比较简单易学的一种击球动作，在软式排球比赛中占有重要的地位。

一、垫球的作用及特点

（一）垫球的作用

垫球在比赛中主要用于接发球、接扣球、接拦回球以及防守和处理各种困难球。特别是用小臂垫击各种发球，这比用其他方法更为方便和准确。接发球好，可以保证一传到位的质量，有利于组成一攻战术，夺得先机；反之，则会导致被动甚至失分。随着小臂垫球的广泛运用，队伍加强了防守能力，减少了接扣球防守的失误率，提高了接扣球的准确性，这对促进攻防平衡起着重要的作用。此外，垫球虽然主要用于一传和防守，有时还可用垫球来组织进攻或处理困难球，起着弥补传球的不足，辅佐进攻的作用。

（二）垫球的特点

1. 动作简单易学

初学者易于学会动作方法。但垫球是一项防守性技术，在接发球、接扣球、接拦回球时，都是在对方击球后采取的被动性技术。因此，要提高垫球的质量，减少失误，必须经过反复的磨练。

2. 便于接离身体远、速度快、弧线平的球

由于垫球可用身体任何坚硬部位击球，而且两臂前后、左右摆动灵活，控制范围大，在各种姿势以及跑动时都可进行垫击，所以适应各种情况的能力强，便于接起各种困难球。

3. 垫球的准确性不及传球高

垫球主要是由两前臂夹紧所组成的平面来击球的，球与手的接触面小，停留时间短。它不像传球那样，能利用手指、手腕关节的小肌肉群动作，对球进行微调与控制，所以它虽然便于从低点向高处击球，但准确性却受到一定的影响。

4. 垫球技术多样，身体触球部位不受限制

垫球技术有侧面、背向、单手、双手、倒地、滚翻垫球以及各种身体姿势都可击球，技术繁多，难度不一。此外，垫球可用身体任何部位（除手指击球外）来击球。这就增加了垫球技术的种类和变化，使垫球的适应性增强，比赛中运用更为广泛。

二、垫球技术与分类（图 2-4-1）

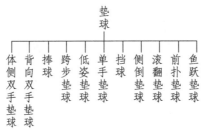

图 2-4-1

垫球分类：体侧双手垫球、背向双手垫球、捧球、跨步垫球、低姿垫球、单手垫球、挡球、侧倒垫球、滚翻垫球、前扑垫球、鱼跃垫球

三、正面双手垫球

正面双手垫球是各项垫球技术的基础，也是最常用的一种垫球技术。它适合接各种发球、扣球和拦回球，有时也可用于垫二传。正面双手垫球在垫轻球、垫中等力量的球和垫重球时，它的准备姿势、击球点、击球动作及用力等方面是有区别的。视频教学见 82 页二维码。

（一）技术方法（图 2-4-2）

1. 垫轻球

（1）准备姿势。

面对来球，成半蹲或稍蹲姿势站立。

图 2-4-2

（2）垫球手形。

两手掌根相靠，手掌重叠，手掌互握，两拇指平行前伸，手腕下压称叠掌式，还有抱拳式和互靠式两种。

（3）垫球动作。

来球力量小，速度慢，击球主要靠手臂力量，以增加球的反弹力。

当球飞到腹前约一臂距离时，两臂夹紧前伸，插入球下，向前上方抬臂，以全身协调动作迎向来球，身体重心随击球动作稍向前移。

（4）击球点。

腹前 50 cm 左右，高度与腹部齐平。

（5）击球部位。

利用前臂手腕关节以上 10 cm 左右的两小臂桡骨内侧所构成的平面击球的后下部（图 2-4-3）。

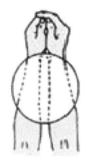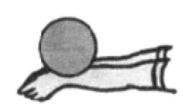

图 2-4-3

（6）击球后动作。

在击球瞬间，两臂要保持稳定，身体重心继续向抬臂方向送球，使整个动作协调自然，动作结束后，立即做好下个动作的准备。

2. 垫中等力量球

准备姿势和手形与垫轻球相同。由于来球有一定力量，两臂迎球动作的速度不宜太快，主要靠来球本身的反弹力将球垫起。同时应运用蹬地、跟腰、提肩压腕、向前抬臂的动作击球后下部。

3. 垫重球

采用半蹲或低蹲准备姿势，两臂放松置于腹前。由于来球力量大、速度快，触球后球体自身反弹力也大，因此，击球时不能主动用力迎击来球，应用含胸收腹的动作，帮助手臂随球后撤，并适当放松肌肉，缓冲来球的力量，以手臂和手腕动作来控制垫出球的方向和角度。当击球点较高并靠近身体时，一般仍可用前垫球；如来球低而远时，就要屈肘腕，用手腕部位的虎口处垫球。

（二）技术分析

1. 准备姿势

准备姿势的运用要根据不同情况而有所变化。初学垫球时，由于是垫击一般的轻球，身体重心可稍高。在比赛中接扣球和吊球时，应采用半蹲或低蹲准备姿势，两膝的弯曲度和重心的高低应根据来球的高低和角度，以及队员腿部力量大小而定。要求在不影响快速起动的前提下，重心适当降低，这样有利于快速插入球下垫低球，也便于高点挡球。

2. 垫球手形

垫球除单手击球和挡球外，常用的双手垫球手形有三种：叠掌式、抱拳式和互靠式（图 2-4-4）。

图 2-4-4

（1）叠掌式：两手掌根相靠，手掌重叠，手掌互握，两拇指平行前伸，手腕下压，使前臂形成垫击平面。

（2）抱拳式：两手抱拳互握，两拇指平行向前，两掌根和小臂外旋紧靠，手腕下压，使前臂形成垫击平面。

（3）互靠式：两手腕紧靠，两手自然放松，两臂外翻，手腕下压。

上述垫击手形中，普遍常用的是叠掌式和抱拳式。因为它们适应范围广，便于初学者掌握，在接发球、接扣球以及接一般球时都可采用。

3. 击球点

正面双手垫球的击球点位置应尽量保持在腹前高度，离身体不宜太远或太近。这样便于控制用力，便于调整手臂的角度，便于控制垫出球的落点和方向。如来球高于腰部以上时，可用高位正垫，垫击时利用伸膝蹬地提高身体重心，必要时还可跳起，使球仍保持在腹前用小臂垫击。此时，手臂与地面角度约为60°，以提肩、顶肘的协调动作，给球以一定的力量。

（三）正面双手垫球教学与训练

正面双手垫球是一切垫球的基础。垫球技术的学习应首先从学习原地正面双手垫球技术开始，再学习移动垫球、变向垫球、侧垫球和背垫球技术。在基本功打好后，再进入学习接发球、接扣球等技术。

1. 正面双手垫球的教学顺序

先学习徒手动作、垫固定球、对墙垫球、自垫、垫近距离抛球，逐渐过渡到对垫，垫球距离也逐渐拉开。在初步掌握了垫球的击球点、击球部位、手臂和击球用力后，可进行移动垫球、变向垫球等。

2. 讲解

垫球是软式排球比赛中非常重要的一项技术，也是最常用的一项技术，而正面双手垫球是所有垫球技术的基础。课堂上要一一阐述正面双手垫球在比赛中的应用范围和重要意义，技术的动作方法和技术要领，击球前的准备姿势、手臂动作、手形和击球点以及击球时的身体协调用力和手臂用力方法。

3. 示范

可边讲解边示范。在讲解垫球的手形时应进行正面示范；讲解击球点和击球的动作方法或完整示范时则应进行侧面示范。注重击球点和击球时手臂的插入动作、身体的协调用力和手臂上抬动作方法的示范。

4. 教学训练方法示例

（1）集体徒手模仿练习：全体学员面对教师站成两列或四列横队，根据教师的口令，集体模仿教师动作进行练习，教师在旁边纠正动作。要求学员按照动作要领做好两臂的插夹动作和运用身体的协调动作带动手臂的上抬动作。

（2）两人一组，面对面间距2~3 m站立。一人双手持球，手臂前平举将球置于身体正前方，等待同伴进行练习，观察其动作并进行纠正。另一人做准备动作听到教师口令后调整脚步，站稳重心，先做下蹲再做蹬地、抬臂、压腕等垫球的正确动作，注意练习中控制用力，重点练习完整动作的熟练性。教师同步纠正错误，强调腿要"先蹲再蹬"。

（3）两人一组，相距 3~5 m，一抛一垫。

（4）自垫：每人一球，自己抛球后，连续向上自垫。

（5）对墙垫球：每人一球距离墙 1.5~2 m，自己将球垫向墙面，球撞击墙面后弹回，练习者再连续向墙面垫球。距离可根据垫球的熟练程度逐渐延长。

（6）两人一组，相距 3~5 m，对垫，练习者垫每个球之前都要做好准备姿势和垫球前先移动的准备，培养时刻准备移动的意识和习惯。

（7）两人一组，接对方来球时，先自垫一次再将球垫向对方。体会向上和向前击球动作的不同点。

（8）三人一组移动垫球，两人相距 3 m 左右固定站位，一人站在前面距两人各 4~5 m。两人连续向正前方抛球，另一人左右移动连续垫球。

（9）当掌握扣球技术后，可两人一组，一扣一垫。或对打防练习。也可以三人一组，二对一的对打防练习。

（10）三人一组，一扣一垫一调整。

（11）单人接发球练习。

（12）集体接发球练习，分为：二人接发球、三人接发球、四人接发球、六人接发球等练习。

四、体侧双手垫球

击球点在体侧的双手垫球称体侧双手垫球。当来球飞向体侧并且接球者来不及移动对正来球方向时运用。其特点是伸臂动作快，控制身体两侧的区域宽，但不易控制垫球的方向，准确性不及正面垫球高。

（一）技术方法

1. 准备姿势

面对来球，成半蹲或稍蹲姿势站立。

2. 垫球手形

以左侧垫球为例，垫球时两臂向左侧伸出，使左臂高于右臂，右肩微向下倾斜。两手掌根相靠，手掌重叠，手掌互握，两拇指平行前伸，手腕下压。

3. 垫球动作

左侧垫球时，先以右脚前脚掌内侧蹬地，左脚向左跨出一步，身体重心移至左脚，并保持两膝弯曲。与此同时，两臂向左侧伸出，使左臂高于右臂，右肩微向下倾斜。击球时，用向右转体和收腹的动作，配合提肩抬臂在身体左侧稍前的位置截住球，两臂垫击球的后下部。来球在右侧时，以相反方向的动作击球。

4. 击球点

身体一侧 50 cm 左右，高度在肩关节与腹的高度之间。

5. 击球部位

利用前臂手腕关节以上 10 cm 左右的两小臂桡骨内侧所构成的平面击球的后下部。

6. 击球后动作

在击球瞬间，两臂要保持稳定，身体重心尽量平稳，使整个动作协调自然，动作结束后，立即做好下个动作的准备。

（二）技术分析

（1）体侧双手垫球的击球点位置应在体侧前方，要抢先在稍偏侧前的位置截击来球。不能当球飞到体侧时，再随球摆臂向后让球。因为越向体侧后方让，垫球点离身体越远，容易造成球触手后向侧方飞出。垫球时，要注意调整和控制两臂组成的垫击面，使球准确地反弹垫向目标。

（2）来球平冲追胸时，若来不及后退采用正面垫球，应向侧横跨一步，跨出腿稍屈，身体重心移至跨出腿上，让球后采用体侧垫球。

此时除跨步让开来球路线的动作要及时外，必须迅速抬起双臂使垫击面对准来球，争取及早截住来球路线，才能将球向前上方垫起。

（三）体侧双手垫球教学与训练

在比赛中体侧双手垫球多用于接速度较快且在身体两侧不远处的球，是很常用的一种垫球技术。

1. 体侧双手垫球的教学顺序

先学习徒手动作、垫固定球、垫近距离抛球，逐渐拉开距离和加快速度。在初步掌握了垫球的击球点、击球部位、手臂和击球用力后，可进入打防练习中实践。

2. 讲解

课堂上要讲述体侧双手垫球在比赛中的应用范围和重要意义，技术的动作方法和技术要领，击球前的准备姿势、两手臂分别动作、控球力量和击球点以及击球时的身体协调用力和手臂用力方法。

3. 示范

边徒手讲解边示范。在讲解垫球的侧跨步、两手臂一高一低配合时和完整示范时应进行正面示范。注重击球点和击球时手臂一高一低配合动作、身体的协调用力和手臂上抬动作方法的示范。

4. 教学训练方法示例

（1）集体徒手模仿练习：全体学员面对教师站成两列或四列横队，根据教师的口令，集体模仿教师动作进行练习，教师在旁边纠正动作。

（2）两人一组，相距 3~5 m，一抛一垫。抛球人故意将球抛于练习者身体两侧。逐渐加大难度。

（3）当掌握扣球技术后，可两人一组，一扣一垫或对打防练习。也可以三人一组，进行二对一的对打防练习。但能移动为正面垫球的时候，尽量采用正面垫球。

（4）单人或少人接发球练习。

五、背向双手垫球

背对垫球目标的双手垫球称背向双手垫球，在接应同伴和将球处理过网时运用较多，其特点是垫击点较高，便于高位垫球，不便于低位垫球。由于背对垫球目标，不利于观察目标，准确性较差。

（一）技术方法

背向垫球时，首先要判断来球的方向和离网的距离，快速移动到球的落点处，背对垫出球的方向。垫球时，两臂夹紧伸直，用腿抬头、挺胸展腹及上体后仰的动作带动两臂向后上方摆动抬送球。触球前下方，将球向后上方击出。背向垫球的击球点，一般在胸前高度至脸前上方为宜（图 2-4-5）。

（二）技术分析

（1）背向垫球中，应根据垫球目标的远近和垫球不同高度的需要来变化垫击点的高度。如要垫出高球时，可适当降低击球点；要垫出平弧度球时，应升高击球点。在无法调整击球点高度时，可利用腰部和手臂的动作来控制垫出球的高度与距离。若遇低远的来球，需要向后上方高处垫出时，可在仰体抬臂的同时，用屈肘屈腕的动作将球向后上方垫起；如遇高球需要向后方远处垫出时，可借助置地仰体、抬臂压腕的动作来适当压低垫出球飞行的弧线。

图 2-4-5

（2）背向垫球是从身前向身后垫球，垫起的球必须先飞越自己的身体后再飞向目标，这给控制变化垫球的弧度带来困难。加上由于背对垫球目标，不利于观察场上情况的变化和调整垫球方向、落点。因此，若能快速移动转身取位采用正面垫球或调整传球时应尽量少用背向垫球。在必须用背向垫球时，要强调垫球时的位置感觉，判断好球、网、目标三者之间的位置关系，才能提高背向垫球的准确性。

（三）背向双手垫球教学与训练

在比赛中体侧双手垫球多用于接离网较远的球，常在来不及调整为正面或体侧垫球时采用背向垫球技术。

1. 背向双手垫球的教学顺序

先学习徒手动作，再学习垫近距离抛球，逐渐拉开距离，提高球的到位率。在初步掌握了背垫球的击球点、击球部位、手臂和击球用力后，可进行隔网练习。

2. 讲解

课堂上要讲述背向双手垫球在比赛中的应用范围和重要作用，技术的动作方法和技术要领，击球前的准备姿势、重心的调整以及击球时的身体协调用力和手臂用力方法。

3. 示范

边徒手讲解边示范。在讲解背向垫球的完整示范时应进行侧面示范。注重击球点和击球时身体重心的调整、身体的协调用力和手臂上抬动作方法的示范。

4. 教学训练方法示例

（1）集体徒手模仿练习：全体学员面对教师站成两列或四列横队，根据教师的口令，集体模仿教师动作进行练习，教师在旁边纠正动作。

（2）两人一组练习，其中一人背对另一人站立，间距 4～5 m 自抛自垫一次，接着垫向同伴将球接住。

（3）三人一球，三人站成一条线，每两人间隔 3～4 m，背垫球人站在其他两人中间位置。一人抛，一人背垫，一人接球。

（4）隔网练习，由教师向后场区抛球，练习者由近网处启动，去追赶飞行的球，并背垫向对方场区。

六、捧球

捧球技术是软式排球特有的技术之一，是用手掌将球击起的一种接球技术。可分为双手捧球和单手捧球两种。

（一）双手捧球

双手捧球，是用两只手的手掌向上同时击球，击球时可适当借助手臂和手腕动作对来球进行缓冲。适用于接发球或其他来球。

双手捧球的技术方法如下。（图 2-4-6）

（1）准备姿势。

稍蹲或半蹲准备姿势，重心稍靠前，两臂自然弯曲。

（2）击球手形。

双手平摊，掌根紧靠，掌心向上，手指分开，两手适当紧张，插入球下（图 2-4-7）。

（3）击球部位。

用双手全掌击球的后下部。

（4）击球后动作。

当来球接近自己约一臂距离时，两手做好手形，快速插入球下，同时蹬地抬臂，用全手掌击球的后下部，身体重心随之前移。

图 2-4-6   图 2-4-7

（二）单手捧球

单手排球技术是用一只手的手掌向上将球击出，适用于接离身体侧面和较低的球及处理网前球、挡球等。

单手捧球的技术方法如下。（图 2-4-8）

（1）准备姿势。

稍蹲或半蹲准备姿势，重心稍靠前，两臂自然弯曲。

（2）击球手形。（图 2-4-9）

一手平推，掌心向上，手指分开，手适当紧张，单手插入球下。

图 2-4-8　　　　　　　　　　　　　　　图 2-4-9

（3）击球部位。

用全手掌击球后下部。

（4）击球后动作。

当来球距离身体较远或较低时，迅速移动重心向球靠拢，用一只手迅速插入球下，用全手掌击球的后下部，随后做倒地或缓冲动作。

（三）捧球技术教学与训练

捧球与垫球一样属于接球技术。在接发球时使用稳定性高，虽然软式排球比赛中对持球的犯规并不严格，但捧球技术仍然非常容易造成持球犯规。因此在学习技术时一定要将规则分析清楚，技术要熟练掌握才能在实战时控制得当。

1. 捧球技术的教学顺序

从学习徒手动作开始，再学习捧起固定球、对墙捧球、捧起近距离抛球，之后逐渐提高难度，甚至单手倒地捧起快而低的球。最终可以做到对垫、打防时穿插捧球的练习。

2．讲解

捧球是软式排球比赛中非常重要的一项技术，是较常用的一项技术。课堂上要——阐述捧球在比赛中的应用范围和作用，技术的动作方法和技术要领、击球前的准备姿势、手臂动作、手形和击球点以及击球时的身体协调用力和手臂用力方法。

3．示范

可边讲解边示范。在讲解捧球的手形时应进行近距离正面示范和侧面示范；讲解击球点和击球的动作方法或完整示范时也应进行多角度示范；注重击球点和击球时手掌的插入动作、身体的协调用力、手臂缓冲和上抬动作方法的示范。

4．教学训练方法示例

（1）集体徒手模仿练习：全体学员面对教师站成两列或四列横队，根据教师的口令，集体模仿教师动作进行练习，教师在旁边纠正动作。要求学员按照动作要领做好两臂的插夹动作和运用身体的协调动作带动手臂的上抬动作。

（2）两人一组，相距 3～5 m，一抛一捧。

（3）个人对墙捧球：每人一球距离墙 1.5～2 m，自己将球捧送向墙面，球撞击墙面后弹回，练习者再连续向墙面捧球。距离可根据球的熟练程度逐渐延长。

（4）自垫：每人一球，自己抛球后，连续向上自垫。

（5）两人一组，在垫球、打防和打防调整练习中穿插捧球技术练习。

七、跨步垫球

来球落点在身体前方或斜前方低而远时，可采用跨步垫球。跨步垫球是各种低姿垫球的基础，适用于正前方或斜前方。向体侧跨步时，因为不能面对来球和垫球目标，而且身体不易保持平衡，所以运用较少，常与侧倒和滚翻垫球结合使用。判断来球后，接球者迅速向来球方向跨出一大步，上体前倾，身体重心降低并落在跨出脚上，同时两臂前伸插入球下，主要用提肩抬臂动作击球的后下部（图 2-4-10）。在向斜前方跨步时，跨步脚必须是跨出方向的同侧脚。此外，跨步时身体不要向前上方跳起，以免影响移动速度。

图 2-4-10

八、低姿垫球

当来球落点在身体附近较低的位置时，队员必须深蹲降低身重心，双手在贴近地面处向前上方垫球叫低姿垫球。低姿垫球法较多，还有低蹲垫球、半跪垫球和全跪垫球。

1. 低蹲垫球

当来球低而落点靠近身体附近时可用低蹲垫球。其特点是身体重心下降快，两臂插入球下和垫球后的还原动作快。宜于接低而重的球，在接扣球和接发球时运用较多。

垫球时，在防守准备姿势的基础上，队员迅速移动到球的落点上，身体重心快速下降，上体前倾，两臂贴近地面插入球下，膝部充分弯曲并稍外展，蹬地腿自然弯曲，脚内侧着地。要靠球体自身的反弹力垫球，有时可用屈肘翘腕动作将球垫起。

2. 跪地垫球

跪地垫球分为半跪和全跪垫球。

当来球低、速度快、落点在体前或斜前方 1 m 左右时，采用半跪垫球较为方便。垫球时，在低姿防守的基础上，向来球方向迈出一小步，出腿深蹲，膝外展，后腿以膝部内侧和脚弓内侧着地，借以在地面上取得一个稳定的支撑点。上体尽量前倾，使两臂贴近地面向球下伸出，用翘腕动作以双手虎口部位将球垫起，如遇来球落点较远时，可在半跪的基础上，上体充分前压，塌腰塌肩，使两臂和身体重心尽量前移，垫球后，用肘部和手掌撑地（图 2-4-11）。

图 2-4-11

全跪垫球是在半跪垫球基础上发展出的一种垫球方法。当队员重心向前下方下降，来不及制动和向前跨步时，要采用全跪垫球。全跪垫球的特点是移动距离比半跪垫球大，向前下方伸臂动作快，击球点低，支撑稳，有时还可以在向前滑动中垫球。后排防守队员在前冲保护时运用较多。当来球低而快，落点在体前或斜前方较远时，队员面对来球，上体前倾，快速起动，在起动蹬地向前移步的同时，使膝部前倾的投影点明显超过脚尖，随着身体重心前移之势用两膝内侧跪地，以膝、小腿和脚弓的内侧部位支撑地面，跪地后可顺势向前滑动。在跪地前、跪地同时以及向前滑动中均可击球。击球时，上体前倾，两臂前伸迅速插入球下，以小臂、虎口或翘腕动作将球垫起。垫球后可用前臂和手掌撑地迅速起立。

九、单手垫球

单手垫球是在来球较远，来不及或不便使用双手垫球时采用。这种垫球动作快、手臂伸得远，左右手使用灵活，击球范围大，垫球时不受身体姿势的限制。但由于单手触球面积小，控制球的能力比双手差，故在能用双手垫球时，就尽量少用单手垫球。运用单手垫球时，应快速向来球方向移动步法去接近球。如球在体侧远处，来不及移动步法时，也可向击球方向跃出，用单手击球（图 2-4-12）。如球飞向右侧，可向右跨出一大步，上体向右倾，右臂伸直，自右后方向前摆动。用虎口、掌根、前臂或掌心击球的后下部。如来球很低，也可用手背贴近地面插入球下做铲球动作将球垫起。

图 2-4-12

十、侧倒垫球

向侧跨步垫球后再倒地的动作称侧倒垫球。它主要用于接两侧的低、远球。其动作特点是跨步后身体重心低，击球点低，整个击球过程能保持面对来球和垫出球的方向，便于观察。侧倒垫球可分为侧倒双手垫球和侧卧单手垫球两种。

1. 侧倒双手垫球

来球在体侧较低的位置时采用。垫球时，在低姿防守的基础上，以同侧脚向来球方向跨出一大步，身体重心落在跨出腿上，臀部下降，两臂向侧下方直插球下。击球时，以跨出脚的前脚掌为支撑轴向内转动，在向内转体转肩的同时两臂上抬击球下部。击球后再以臀、背依次着地后倒。按上述的动作过程可归纳为："一跨、二转、三倒地"的动作要领。在后倒结束后，以收腿和两手撑地帮助快速起立。

2. 侧卧单手垫球

来球在体侧较低而远的位置时采用。击球前，先向侧面跨出大步，重心下降并移至跨出腿上。紧接着跨出腿继续用力蹬地，使上体向来球方向伸展腾出，击球手臂前伸，插入球下将球垫起，同时身体向内转动。击球后，手臂不收回来，并以体侧着地成侧卧姿势向前滑动。侧卧单手垫球的控制范围比侧倒垫球大一些，所以便于防守离身体较远的低球。

十一、滚翻垫球

当来球距身体远而低时，可采用滚翻垫球。它是在快速移动、跨步伸臂击球后，因身体冲力大失去平衡，为了自我保护和尽快起立而出现的滚翻动作。滚翻垫球的特点是能充分发挥移动速度来接近球，扑得远，站立快，控制的范围大。目前防守中运用多，其中女子更为多见。

滚翻垫球可分为肩滚翻垫球和横滚翻垫球两种。每种垫球均可用单手或双手击球。

1. 肩滚翻垫球

做肩滚翻垫球前，应迅速向来球方向移动，最后跨出一大步去接近球，重心下降并落在跨出脚上。上体前倾，使胸部靠近大腿，手臂伸向来球方向。同时两腿继续用力蹬地，使身体向来球落点方向伸展，前臂插入球下，用小臂、虎口或手腕部分击球的后下部。击球后脚尖内转，在身体失去支撑的情况下，顺势转体，依次用大腿外侧、臀部外侧、背部、跨出脚的异侧肩着地，同时低头、收腹团身，通过跨出脚的异侧肩部做单肩后滚翻动作，并迅速起立。

2. 横滚翻垫球

横滚翻垫球前，看清来球后，迅速向来球方向移动，最后跨出一大步去接近球的落点，上体前倾，胸部接近大腿，使身体重心完全落在跨出腿上，同时两腿继续用力蹬地，身体向来球方向充分伸展。在身体失去重心时，可用跨出腿的膝部轻微着地，也可用膝的外侧着地，以取得一个支点，以增加击球时身体的稳定性。

十二、前扑垫球

当队员处在低姿防守中来不及向前跨步去接近球时，可采用前扑垫球来接起落在前方或斜前方比较远而低的来球。前扑垫球可用单手或双手击球。它的特点是重心下降快，前扑距离远，便于观察来球的情况和垫球的目标。但前扑动作要求运动员有一定的力量基础，前扑后的起立动作较慢。

前扑垫球的准备姿势要低，上体前倾，重心偏前，两脚先后蹬地，使身体向前下方伸展扑出。同时两臂或单臂前伸插入球下，用双手前臂或单手虎口（或手背）将球垫起。击球后，两手撑地，两肘顺势弯曲以缓冲身体下落的重量。膝关节伸直以避免着地，最后以胸腹和大腿接触地面（图 2-4-13）。

图 2-4-13

当来球较远、用双手垫球仍不能击到球时，可用单手垫球。击球时，手臂应尽量前伸，用手背、虎口或小臂击球，下方一手屈肘撑地缓冲，并以击球手一侧的胸腹部先着地，顺势滑行。

十三、鱼跃垫球

在来球低而远的情况下，来不及移步垫球时，可采取向前猛然跃出，利用单手（或双手）在空中完成击球动作。落地时，先以双手撑地缓冲，使胸腹着地向前滑行，这种击球动作称鱼跃垫球。鱼跃垫球的特点是跃得远，防守控制范围大。但动作有一定的难度，要求队员具有勇敢的精神和较强的腰背、手臂肌肉力量以及一定的灵敏素质。

做鱼跃垫球时，应在半蹲准备姿势的基础上，上体前倾，重心前移。以前脚用力蹬地，使身体向来球方向腾空跃出（也可先做一至两步助跑后再置地跃起）。在空中手臂前伸插至球下，用单手或双手击球后下部。击球后，双手先在体前着地支撑，两肘缓慢弯曲，以缓冲身体下落力量。同时抬头、挺胸、展腹、自然弯曲，使身体成反弓形，胸、腹、大腿依次着地，顺势向前滑行。

在鱼跃垫球的落地动作中，为了防止受伤，两手着地的支撑点应在身体重心向前下方运动方向的延长线上。支撑点太偏后，易造成身体前翻；支撑点太前，易造成身体平落，使腹部或膝部碰地致伤。

十四、挡球

当来球高、速度快、力量大，不便于用传球和垫球时可用挡球。挡球有双手和单手两种。其特点是伸手动作快，挡击胸、肩高度以上的球比较方便，防守范围大。但挡球的触球面小，不便于协调用力和控制出球的落点与方向。

（一）双手挡球

双手挡球大多用于挡击胸部以上、力量大、速度快的来球。手形有抱拳式和并掌式两种。抱拳式是面对飞行速度快的来球，两肘弯曲，一手半握拳，另一手外抱，两手掌外侧（小指一侧）所组成的平面朝前的手形（图 2-4-14）；并掌式是由两肘弯曲，两手虎口交叉，两手掌外侧合并成勺形的击球面朝前的手形（图 2-4-15）。

图 2-4-14　　　　　　　　　图 2-4-15

挡球时，手臂屈肘上举，肘部向前，手腕后仰，以手掌外侧和掌根所组成的平面挡击球的后下部。击球瞬间，手腕要紧张，给球以适度的力量，同时适当缓冲减小球的弹回力量，击球一般在脸额或两肩的前上方（图 2-4-16）。

（二）单手挡球

单手挡球的击球点高，便于挡起头部上方或侧上方的高球，当遇到飞向身后的高球时，可跳起用单手将球挡回。在比赛中可用于保护、接应同伴以及二传队员网前处理冲网高球等情况（图2-4-17）。

图 2-4-16　　　　　　　　　　图 2-4-17

单手挡球的手形有两种：一是掌根平面击球，击球时手稍张开，手指自然弯曲；另一种是用掌心平面击球，即开始时虚握拳，击球时用掌心平面触及球体。

挡球时，手腕要适当放松，击球瞬间手腕后仰，并保持紧张，使击球平面朝前上方，并对准球的后下部击球。此外，挡球主要依靠向前上方伸臂的力量来击球，而对力量大的球要适当缓冲减小球的弹回力量。如遇来球速度快、力量大时，伸臂动作不能过猛，小臂要适当放松，以较柔和的动作去挡击球。同时应注意不要用手指部分去挡球，以免产生打手出界的情况。

第五节　发球

队员在端线后自行抛球，并用一只手将球直接击入对区的技术动作称为发球。它是比赛的开始，也是进攻的开始，是排球比赛中的一项重要的进攻性技术。

一、发球的作用及特点

（一）发球的作用

发球在软式排球比赛中占有很重要的地位。准确而有攻击性的发球，不仅可以直接得分或破坏对方进攻战术的组成，还起着减轻本方防守压力，为本方的防反创造有利的作用。此外，有威力的发球能鼓舞全队的士气，振奋精神，扩大战果，从而动摇对方的阵脚，在心理上给对方造成威胁，起到打乱对方部署和挫伤对方锐气的作用。反之，如果发球威力不大或失误太多，不但会失去发球权和直接得分的机会，也容易使对方组织进攻战术，使本方防守的难度增大。因此，发球首先要有稳定性，在减少失误的基础上再加强攻击性和提高准确性。

（二）发球的特点

1. 自抛自击

发球是排球技术中唯一不需要与同伴合作的进攻技术。发球队员可不受制约地观察对方队员站位情况，选用某种发球方法，将球自抛自击过网。所以发球的成败主要取决于个人对发球技术掌握的熟练程度和临场心理状态的稳定程度。

2. 站位可以自行变化

发球队员可选择近、中、远不同距离的位置来发球，也可以站在端线的左、右两角或中央发球。发球时，抛球的高度和手法均不受限制。因此，发球队员可根据自己的特点和临场情况，选择发球的位置与手法。

3. 发球有时间和抛球次数的限制

在裁判员鸣哨后 8 秒内，发球队员必须将球击出。球被抛起后，必须在球落地前将球发出，且球只能被抛起一次（拍球除外）。

二、发球技术分类（图 2-5-1）

图 2-5-1

三、正面下手发球（以下发球技术均以右手击球为例）

正面下手发球是指发球队员面对球网，手臂由后下方向前摆动，在体前腹部高度击球过网的一种发球方法。其特点是动作简单易学，失误少，准确性高，但由于击球点低，故发出的球力量小，球速慢，攻击性弱。正面下手发球的技术方法如下：面对球网，两脚前后开立，左脚在前，两膝弯曲，上体前倾。视频教学见 82 页二维码。

（一）技术方法（图 2-5-2）

1. 准备姿势

面向球网，两脚开立，右脚在左脚的右后方，两膝微屈，重心落在两脚之间，上体稍前倾，左手持球于腹前。

2. 抛球

左手将球轻轻抛起在右肩前下方，球离手约一球左右高度，同时右臂伸直后摆。

3. 挥臂击球

击球时，右脚蹬地，手臂以肩为轴，由后经下方向前摆动，身体重心随之前移，在腹部右前方以虎口或手臂击球后下部。击球后，随身体重心前移迅速入场比赛。

图 2-5-2

四、侧面下手发球

侧面下手发球是指发球队员侧对网站立，以转体带动手臂，由体侧后下方向前挥动，在体前腹部高度击球过网的一种发球方法。这种发球可借助腰部转动的力量来击球，便于用力，适合女子初学者使用。这种发球失误少，但攻击力不强。

（一）技术方法（图 2-5-3）

1. 准备姿势

左肩对网，两脚左右开立，约与肩同宽，两膝微屈，重心落在两脚之间，上体稍前倾，左手持球于腹前。

图 2-5-3

2. 抛球

左手将球垂直上抛在身体正前方，离胸前约一臂之距，球离手高度约一个半球。在抛球的同时，右臂摆至右侧后下方。

3. 挥臂击球

击球时，右脚蹬地，手臂以肩为轴，由后经下方向前摆动，身体重心随之前移，在腹前以全掌或掌根击球后下部。击球后，随身体重心前移迅速入场比赛。

（二）技术分析

1. 利用置地转体动作带动手臂挥摆，可增加发球的力度，手臂摆动应由体侧右下方向斜前上方挥动。

2. 击球点位置不宜超过肩的高度，并注意控制击球离手时的角度及路线。球离手时飞行的仰角大，球飞行就高；仰角太小，则球不易过网。

五、正面上手发球

正面上手发球是指发球队员面对球网站立，利用转体收腹的动作带动手臂加速挥动，在头的右前上方最高点用全手掌击球过网的一种发球方法。发球时，由于是面对球网，便于观察对方情况，发球的准确性较高。加之击球点高，可以充分利用胸腹和上肢的爆发力击球，发出的球带有上旋，不易出界，故有较大的攻击性和准确性。此外，因为发球动作比较简单容易掌握，所以也适合初学者学习和运用。

（一）技术方法（图2-5-4）

1. 准备姿势

面对球网，两脚自然开立，左脚在前，左手托球于体前。

2. 抛球与引臂

左手将球平稳地抛于右肩前上方，同时右臂抬起，屈肘后引，肘部与肩平，上体稍向右侧转动，抬头、挺胸、展腹、手掌自然张开。

3. 挥臂击球

击球时，利用蹬地，使上体向左转动，同时收腹，带动手臂向前上方快速挥动。在右肩前上方伸直臂的最高点，用全手掌击球的后中部。手触球时，手指和手掌要张开并与球相吻合，手腕要迅速做推压动作，使击出的球呈上旋飞行。击球后，随着身体重心前移，迅速入场。

图 2-5-4

（二）技术分析

1. 准备姿势和发球的取位

右手击球的队员，准备姿势站立时，应把左脚站前，这样便于引臂和身体自然右转。发球的取位应根据对方接发球布阵情况和攻击目标来选定，在端线 9 m 宽的区域内，可以站在左右两侧发球，也可站在端线中区发球。前后位距要根据个人发球特点和性能变化来确定。

2. 抛球与引臂

抛球应以手臂上抬，手掌平托上送的动作，将球抛在身前 30 cm 处，球离手 1 m 左右高度为宜。抛球时不要向后拖带手腕，以免球体旋转和偏离上升的垂直线，造成击球不准。抛球过前，会造成手臂推球而击球不过网；抛球过后，不易发挥转体的击球力量；抛球过高，不易掌握动作的节奏和击球的时机；抛球过低，不能充分发挥击球的力量。右臂后引时，应充分拉长胸腹和肩关节前侧的肌肉，便于增大击球力量。

3. 挥臂击球

挥臂时的发力是从两脚蹬地开始的。挥臂前应使肘关节尽量向后拉引。挥臂时，以腰胸带动肩、肩带动大臂、大臂带动前臂、前臂带动手腕，最后将力量传送到手上，使手掌获得更大的加速度。

击球时，前臂和手腕动作要稳定，不要左右转动。手腕推压动作的大小也应根据击球点位置的前后进行控制和调整。

六、跳发球

跳发球是指发球队员在端线后，利用助跑跳起在空中居高临下将球击入对区的一种发球方法。跳发球可以升高击球点，而且队员跳起在空中，身体能充分伸展，并能充分发力，从而加大发球的力量，增强发球的攻击性。但与其他发球技术相比，跳发球的技术难度和体力消耗较大。

跳发球的动作和远网扣球动作相似，它可以运用一步、两步或多步助跑起跳，也可以正面对网助跑或斜对网助跑。

1. 准备姿势

队员面对球网，站在端线后 3～4 m 处，以右手或双手持球于体侧或腹前准备。

2. 抛球

用右手或双手将球抛至右肩前上方，抛球高度一般为肩上方 2m 左右，落点在端线前后。抛球时应有身体和手臂的伴送动作。

3. 助跑起跳

随着抛球动作的开始，队员即向前做 2 至 3 步助跑起跳。起跳时，两臂要协调摆动，摆幅要大。

4. 挥臂击球

挥臂动作似正面上手发球。击球时，用收腹和转体动作带动手臂挥动。击球点保持在右肩前上方，手臂甩直，用全手掌击球。

5. 落地

击球后，双脚落地，两膝顺势弯曲缓冲，迅速入场。

七、扔发球

扔发球适用于少儿，技术非常简单易学。扔发球的种类很多，最常用的方法是准备姿势为两脚前后开立，左脚在前，双手持球于胸前。发球时，身体稍右转，同时将球引到右肩上方，肘关节外展，手腕后仰，右手托球，左肩对发球方向，重心落在右脚上，右脚置地、转体，右手前臂迅速向前挥摆，手腕前屈，球经食指、中指拨出，身体随之进入场地。

八、发球技术教学与训练（适用于各种发球的教学）

（一）发球教学顺序

学习正面上手发球之前一般应先学习下手发球。可让男、女生同时学习正面下手发球，也可根据男、女生特点分组进行练习。可让男、女生同时学习两种技术。学习的顺序可按照下手发球、正面上手发球、跳发球顺序进行。先学下手发球，是因为下手发球容易掌握，使学员能在一开始的比赛中使用，减少发球的失误率和比赛的中断次数，提高学员对软式排球运动的认识和兴趣。

（二）讲解

要求阐述发球在比赛中的地位和作用，发球的三个主要环节即抛球、击球手法和击球部位的技术动作方法。语言应精练、简明扼要，要让学员明确和理解发球技术的结构和关键。

（三）示范

教师首先应做规范的完整的示范动作，给学员以完整的良好的直观形象。完整动作示范后，再按顺序进行准备姿势、抛球及击球方法的分解示范。学员站在教师的右侧，这样便于观察教师的击球动作（如人数较多，也可站在教师的两侧），教师做一次示范后，学员交换位置，教师再进行示范讲解。

（四）发球技术教学训练方法示例

1. 徒手练习

（1）根据教师的要求，按照动作方法，按抛球、挥臂、击球的顺序和节奏进行徒手模仿练习。

（2）以上手发球为例，根据动作方法，集体徒手做击球练习。击球时抛球手高举至右肩前上方的击球点，击球手按照动作要求击打左手。

2. 抛球练习

（1）学员成两列或四列横队，每人一球，按照教师的口令做不离手的抛球练习，同时做引臂和挥臂击球（不实击）练习。要求眼睛始终注视球。

（2）多次向上平稳抛起，体会抛球的位置及高度，球不要旋转。

3. 击球练习

（1）击固定球。两人一组，一人手臂伸直将球举至头后上方，另一人站在其背后，选好位置，按照教师的要求挥击球，体会击球的挥臂动作、击球点和手形。

（2）对网发球，发球距离应由近到远。可先站在场内离网近距离轻发球，体会抛球的高度及球在空间的位置，后再逐渐加大发球力量，最终两人站在端线外对发。

（3）进行发球比赛。可单人比赛也可分组比赛，比发球成功率。

（4）定位发球比赛，在场地内划分几个区域，要求朝规定区域内发球，比发球的落点准确度。

第六节　扣球

扣球是队员起跳在空中，用一只手臂做甩鞭式挥动，将本方场部区上空高于球网上沿的球有力地击入对方场区的一种击球方法。它是软式排球技术中攻击性最强的一项技术。

一、扣球的作用与特点

（一）扣球的作用

扣球主要用于向对方进攻，是比赛中得分的主要手段，是全队进攻配合中最后一次击球，所以扣球的成败，体现了一个队进攻战术质量和效果优劣，是争取主动的最积极有效的武器。

在扣球进攻时，多数情况下都会遇到对方拦网的阻挡，所以即使不能直接达到得分和得发球权的目的，也应力争造成对方接球困难，使之无法组织强有力的进攻，为本方再次组织进攻创造有利条件。

（二）扣球的特点

1. 扣球具有击球点高、速度快、力量大、变化多的特点

扣球可以充分利用助跑起跳，在空中最高点将球击入对区，在各项技术中，它的击球点最高，由于扣球绝大多数是在球网上空附近进行的，居高临下，击球点距对方场区最近，故更能发挥扣球的速度。加之扣球是以腰腹和胸部的爆发力带动手臂快速挥动来击球，故扣出的球强劲有力。此外，由于扣球的助跑起跳方法多样，击球手法和击球点位置的不同可以扣出各种变化球，能给对方出其不意的攻击，使防守队员猝不及防。

2. 扣球的另一特点是必须与二传密切配合

二传的质量直接影响着扣球技术的发挥，从某种意义上讲，二传也起着指挥扣球的作用。二传不单是扣球的基础，而且起着保证扣球发挥进攻威力的作用。

二、扣球技术的分类（图 2-6-1）

三、正面扣球

正面扣球是最基本的扣球方法。现以两步助跑，右手扣球为例介绍如下。视频教学见 82 页二维码。

图 2-6-1

（一）技术方法（图 2-6-2）

1. 起动姿势

起动时由稍蹲准备姿势开始，两臂下垂，站在离网 3 m 左右处，身体稍转向来球方向，以便于观察球并向各个方向助跑起跳。

图 2-6-2

2. 助跑

两步助跑开始时，左脚先向前迈出一步，接着右脚再快速跨出一大步，左脚及时跟上，踏在右脚之前，两脚尖稍向右转准备起跳。

在助跑跨出最后一步的同时，两臂绕体侧后引，左脚跟上踏地制动过程中，两臂由后积极向前摆动，随着双腿离地向上起跳，两臂配合起跳有力地向上摆动。

3. 起跳中

手臂向前上方及时快速的摆动对起跳的高度有帮助。两臂摆动应根据扣球技术的需要及个人的习惯，采用小划弧摆臂、大划弧摆臂或前后摆臂。在助跑制动后向上摆臂的同时，两腿从弯曲制动的最低点，猛力蹬地向上起跳。

4. 落地

缓冲下落的力量，做好下一动作的准备。

（二）技术分析

1. 助跑

助跑的目的，一是为了接近球，选择恰当的起跳点，以保持良好的人和球的位置关系；二是利用助跑的水平速度配合起跳，起到增加弹跳高度的作用。

（1）助跑的步法。助跑的步法种类很多。有一步、两步、三步和多步法；有向两侧的跨跳步和并步法；有原地的踏跳步和后撤步等。助跑步法的运用要因球而异，力求灵活，适应性要强，步幅可大可小，步数可多可少。但不论采用几步助跑，最后一步要大，而且必须是扣球队员击球手的同侧脚先着地，作为支撑脚，另一脚再迅速跟上来，这样才有利于起跳和空中击球动作协调自然。

现仍以两步助跑为例，分析如下。

第一步：以左脚向二传的落点方向自然迈出，其主要作用是确定助跑方向。它使静止的身体获得向前起动的速度。一般步幅应较小，要对正上步的方向，故有方向步之称。此外，这一步是接近球和为第二步确定起跳位置而起调整距离的作用，以保证最后一步能从容地接近球。

第二步：要以右脚的脚跟先着地，再过渡到全脚掌着地，接着左脚迅速跟上来，落在右脚左前方，两脚稍向右转，利于制动。这一步起着调整身体与球的距离的作用，决定着起跳点。因此，要有意识地主动加速，步速要快，步幅要大，以便接近球和提高助跑的水平速度。

（2）助跑的路线。由于二传来球的弧度和落点不同，助跑的路线也不相同。以 4 号位队员扣球为例，其主要的助跑路线有三种：扣集中球采用斜线助跑（与网约成 45°角）；扣一般球采用直线助跑（与网约成 90°角）；扣拉开球采用外绕助跑（与网约成 30°或 45°角）。

（3）助跑的时机。由于二传来球的高度与距离不同，扣球队员必须在起动时调整好上步的时机。二传球低或离身远时，助跑起动要早一些；二传球高或离身近时，则要晚一点。助跑起动过早或过迟都会影响起跳扣球的质量。

（4）助跑的制动。无论采用几步助跑，最后一步既是制动步又是起跳步，它起着制动和起跳两方面的作用。因此，助跑最后一步和两脚落地的三种方法，对助跑的制动和起跳有不尽相同的作用。第一种由支撑脚的脚跟先着地，过渡到全脚掌蹬地起跳，这种方法动作幅度大，制动作用明显，有利于增加垂直起跳的高度；第二种由前脚掌着地迅速蹬地起跳，这种方法起跳动作快，有利于加快起跳速度，争取起跳时间和提高向前上方冲跳的高度，擅长快攻的队员运用较多；第三种由两脚全脚掌着地蹬地起跳，这种方法身体重心较为稳定，踏跳有力。上述三种方法，应根据助跑的距离、二传球的情况以及扣球的需要灵活运用。

2. 起跳

助跑和起跳是连续完成的两个动作，这两个动作是连贯而有节奏的，它们之间不能分割，更不能破坏其衔接的节奏，否则将影响起跳的质量。

（1）起跳的步法。任何助跑的最后一步均称为起跳步。它既是助跑的结束步法，又是起跳的准备动作。起跳步的制动动作对能否获得更高的弹跳高度有着直接的影响。常用的起跳步法有两种：一种是并步起跳。即一脚跨出一大步后，另一脚迅速向前并步，且落于该脚之前，随即蹬地起跳。并步起跳便于调整起跳时间，适应性强，制动作用好，身体重心易保持稳定，但对起跳高度稍有影响。另一种是跨步起跳。即一脚跨出一大步的同时，另一脚也跨出去，身体有一定的腾空过程，两脚几乎同时着地，随即蹬地起跳。跨步起跳能利用人体下落的重力速度，增加弹跳高度，但不便于加快助跑速度，容易影响起跳节奏，不利于快攻起跳。

（2）起跳的位置。助跑的最后一步应是整个助跑过程中步幅最大、速度最快的一步，这一步应调整身体和球的关系，选择有利的击球位置。一般情况下应在距离球一臂之远的位置起跳。

（3）起跳的摆臂。起跳时的手臂摆动有两种方法。一种是划弧摆臂。其方法是两臂自然弯曲，以肩关节为轴，经体侧向身体的侧后下方，再向前上方划弧摆动。这种摆臂可根据需要来变化划弧的大小，动作连贯协调，可以争取时间快速起跳，也可以调整起跳的时间，放慢起跳的节奏，故适应性强，运用较普遍。另一种是前后摆臂。摆臂的方法是两臂由体前先向后摆动，然后由后向前上方摆动。这种摆臂的距离较长，由于是直臂摆动，振幅较大，有利于提高弹跳高度。但对空中的转体动作不便，快速起跳时，手臂往往来不及摆动。总之，起跳的摆臂很重要，它不仅保证助跑和起跳时身体的稳定性，而且有助于加快起跳速度，增加弹跳高度以及空中击球动作的完成。

3. 空中击球

（1）挥臂方法。当起跳使身体腾空后，左臂摆至身体前（或前上方），其作用是协助保持上体的平稳。此时，击球手臂屈肘置于头侧（故又有屈臂扣球之称），肘高于肩，展腹、挺胸、敞肩、抬头看球，使身体略呈反弓形。在挥臂初期，击球臂屈肘是必要的，这样可以缩短挥臂时以肩为轴的转动半径，减小转动惯量，提高挥臂的初速度。随之边挥臂边伸肘，加长转动半径，增加挥臂的线速度。在挥臂转动的角速度不变的情况下，上臂甩得越直，挥动半径越大，线速度也越快，扣球越有力。此外，这种挥臂方法既能扣高弧度的球，也能扣低、平弧度球，适用范围较广，目前已为广大运动员所采用。

（2）击球动作。扣球的击球，必须用全手掌打满球体。这样才能给球以较大的力量和有效地控制球体飞行的方向与落点，提高击球的质量。二传来球在空中运行时，经过手掌和球体短暂的接触和相互作用，从而改变球体运动的方向，增大球体的运动速度，这就要求击球手有巨大的动量和速度，而扣球中全身协调的击球力量是由手臂的鞭打式动作，最后通过手腕的甩动和加速，由全手掌作用于球体的。因此，只有用全手掌击球，手腕关节才能很好地参与整个鞭打动作来传递并加大击球的力量。若手腕动作僵硬，手掌不能包住球体，不主动做屈指、屈腕、前推、下甩动作，扣球质量将受到影响。

（3）击球点。扣球的击球点应在起跳最高点和手臂甩直的最高点的前上方。扣球队员也可以利用击球点附近的空间，来扩大自己的击球范围，增加扣球路线和扣球角度的变化。一般近网扣球的击球点应略靠前，远网扣球的击球点应保持在头上方。

（三）正面扣球技术教学与训练

1. 正面扣球技术教学顺序

正面扣球是进攻中最基本最主要的扣球方法。正面扣球技术教学训练顺序为：先教助跑起跳、空中挥臂击球、落地这一套徒手动作。扣球技术动作比较复杂，因此，在教学时应采用分解教学法，先将助跑起跳和挥臂击球动作分别进行教学，然后再采用完整教学法，使学员掌握正面扣球完整动作。在学员们熟练掌握徒手动作后，教师再教授 4 号位扣普通高度球，然后是 2 号位扣一般普通球，在此基础上再增加扣球种类，提高扣球难度，最后再结合到战术上。

2. 讲解

讲述正面扣球技术在比赛中的作用及动作方法，助跑的步法、节奏，起跳时机，起跳点的选择，空中击球动作、落地等。讲解动作要领要突出正面扣球动作的关键环节。

3. 示范

先做完整扣球技术示范，使学员了解扣球动作全过程，建立完整、正确的动作形象。必要时可采用边讲解、边分解示范的方法，强调动作要领和动作关键。可采用徒手示范和结合球示范交替进行，关键部分可用慢动作示范的方法。教师示范时，为让学员看清助跑路线和空中击球动作，可选择网前合适的任一示范位置。

4. 教学训练方法示例

（1）助跑起跳练习方法。

① 原地起跳。由站立开始，屈膝下蹲，同时两臂由前向后摆动，按教师口令迅速蹬地起跳。

② 一步助跑起跳。右脚跨出一大步，左脚迅速跟上起跳。

③ 两步助跑起跳。左脚先出方向步，右脚跨出一大步并制动。左脚再迅速跟上起跳，同时两臂协调配合。助跑速度由慢到快，步幅由小到大，两步之间衔接紧密，动作连贯。

④ 从进攻线附近开始做两步助跑起跳。

⑤ 一步、两步、三步助跑起跳扣固定球。

⑥ 助跑后各种起跳练习。

⑦ 连续助跑起跳练习。学员成一路纵队慢跑，然后做两步助跑起跳，再慢跑，听到口令再转助跑起跳。如此连续反复进行。

⑧ 4号位、2号位助跑起跳练习。

（2）挥臂击球练习方法。

① 徒手做扣球挥臂击球动作练习。

② 扣固定球，扣吊球，或扣固定目标。

③ 原地对墙自抛自扣或对墙连续扣球。

④ 两人面对面站立相距7~9 m，原地自抛自扣。

⑤ 助跑起跳扣固定球或扣固定目标。

⑥ 练习手负重挥臂动作。

⑦ 对墙进行扣球练习。

（3）完整扣球练习。

① 助跑起跳扣网前固定球。

② 在网前自抛自扣过网。

③ 扣从3号位抛向4号位和2号位的高球，可3~4个学员轮流进行扣球练习。

④结合二传扣一般高球。

⑤结合一传、二传进行4号位和2号位扣球。

⑥扣线路球，先练习扣斜线球，后练习扣直线球。

⑦ 扣1号位抛到4号位和5号位抛向2号位的调整球。

⑧ 三人接发球，组织2、4号位进攻。达到一定数量后，轮换位置。

⑨ 当有拦网配合练习时，可进行扣球后自我保护练习。

四、扣快球

扣快球是扣球队员在二传队员传球前或传球的同时进行起跳,并迅速把二传队员传来的低弧和平弧球击入对方场区的一种扣球方法。快球可分为:近体快、背快、短平快、背平快、平拉开、半快球、调整快和单脚起跳快球等。

(一)扣快球的特点与作用

1. 快球的特点

快球的主要特点就是速度快。在快的基础上创新变化,使快、变融为一体。扣快球不仅扣球动作要快,而且组成快球的各个环节都要快,并且配合及时,扣快球的特点是:

(1)助跑起跳快。助跑步法快速、灵活而富有节奏。浅蹲快跳。

(2)必须与二传队员配合默契。起跳时间准,二传队员"送"球及时。

(3)上体动作和挥臂击球动作振幅小,前臂和手腕挥动速率快。

2. 扣快球的作用

(1)突然性强:由于快球各个环节都是在"快"中完成,扣球的速度快、时间短,可以争取时间上的优势,给对方以出其不意的攻击。

(2)牵制作用大:正因为扣快球具有较大的突然性,从而对拦网有很大的牵制作用,以掩护其他队员扣球进攻。

(二)扣快球技术分析

快球一般在靠近网和一传到位的情况下进行。其特点是扣快球的队员与二传配合速度快、节奏快,有较好的实扣效果和掩护作用。

扣快球的动作与正面扣球基本相同,其不同点是助跑:

(1)助跑:助跑的起动时间较早,跑速要快,一般是随一传球同时跑到网前,也可早于一传助跑,但要判断一传球的方向和速度。

(2)起跳:短线快球要在二传队员传球出手前瞬间快速起跳。不宜深蹲慢跳,而要浅蹲快跳。便于加快起跳速度,跳起在空中等球。

(3)挥臂击球:击球前,击球臂后引动作应较小。利用含胸、收腹的动作，带动前臂和手腕快速鞭打式挥动。在球刚传出网口，还在上升阶段，即用全手掌击球的后上部。

（三）扣快球技术教学与训练

1. 扣快球技术教学顺序

扣快球是很重要的一种扣球方法，常用于比赛战术。扣快球技术教学训练顺序为：先讲解助跑起跳，分析其与扣高球的不同之处。然后引导学员观察和跟随到位的一传节奏，再由教师抛快球，学员练习。最后与二传手配合练习。比赛中快球进攻非常需要二传手和攻手的默契配合。因此需要反复练习磨合。

2. 讲解

讲述扣快球技术在比赛中的作用及动作方法，助跑的步法、节奏；起跳时机，起跳点的选择，空中击球动作、落地等。讲解动作要领要突出扣快球动作的关键环节。

3. 示范

先做完整扣快球技术示范，使学员了解扣球动作全过程，建立完整、正确的动作形象。必要时可采用边讲解边分解示范的方法，强调动作要领和节奏把握。可采用徒手示范和结合球示范交替进行。教师示范时，为让学员看清助跑路线、空中击球动作和扣球时机，应让学员队列在进攻区面向 3 号位进攻跑动路线，列队时安排路线两侧分开站列。教师做完一番示范后，两边队列交换位置，再做一遍示范。

4. 教学训练方法示例

（1）徒手完整扣快球技术动作练习。

（2）由教师抛球，学员扣快球练习。

（3）结合二传扣快球练习。

（4）结合一传、二传进行 3 号位扣快球练习。

（5）扣线路球，先练习扣直线球，后练习扣斜线球。

（6）安排战术，进行战术配合练习。

第七节　拦网

靠近球网的队员，将手伸向高于球网处阻挡对方的来球，并触及球，称为拦网。拦网是软式排球技术中一项重要的防守技术。随着软式排球运动的发展，拦网已由被动的防御性技术转化为具有攻击性的技术。现代的拦网技术不仅是能与扣球相抗争的第一道防线，而且已成为得分的重要手段。

一、拦网的作用与特点

（一）拦网的作用

拦网是基本技术之一。它与扣球是比赛双方在网上近距离争夺的一对矛盾。拦网可以直接拦死或拦回对方的扣球，也可以干扰对方有力的扣球，以减轻后排防守的压力。在软式排球运动中如果没有拦网，后排防守也是有困难的。此外，拦网不但起着干扰和破坏对方扣球的作用，而且拦网技术发挥得好，能削弱对方进攻的锐气，动摇对方的信心，给对方造成心理上的威胁。因此，拦网技术水平的高低，可以影响比赛的胜负。拦网技术的提高使网上争夺更加激烈，能促进软式排球运动的发展。

（二）拦网的特点

（1）拦网动作简单易学，初学者很快就能学会，但要在比赛中运用拦网技术取得良好的效果，其难度较大。因为扣拦双方网上的抗争实质上是时间和空间的争夺。在这一争夺中，拦网者必须掌握正确的起跳时机和占据最有利的堵拦面，以变应变，主动拦击。

（2）在一个拦网动作中，规则允许球连续多次触及身体各部位，并不算连击。

（3）拦网既可原地起跳，也可移动助跑起跳；可以单人拦网，也可双人或三人集体拦网。在集体拦网中，球可以触及多人次，只算一次击球。拦网后，队员可以再次击球。因此，队员应充分利用上述特点，不断提高拦网水平。

二、拦网技术的分类（图 2-7-1）

图 2-7-1

三、单人拦网技术

单人拦网是集体拦网的基础。按其动作结构可分为准备姿势、移动、起跳、空中动作和落地五个互相衔接的部分。视频教学见 82 页二维码。

（一）技术方法（正面图 2-7-2，侧面图 2-7-3）

1. 准备姿势

队员面对球网，两脚左右开立，约与肩同宽，距网约 30~40 cm，两膝微屈，两臂屈肘置于胸前，随时准备起跳或移动。

2. 移动

为了对正对方的扣球点起跳，队员需要及时移动，常用的移动步法有并步、交叉步等。移动结束要做好制动动作，以免触网及冲撞同队队员。

3. 起跳

原地起跳时，两腿先屈膝，随即两脚用力蹬地。两臂以肩为轴，以大臂为半径，在体侧近身处，做划弧或前后摆动，迅速向上发力起跳。

4. 空中动作

起跳时，两手从额前沿球网向上方伸起，两臂伸直并保持平行，两肩上提。拦网时，两臂应前伸冲过网去，既不能触网，又要尽量去接近球。两手自然张开，屈指屈腕呈半球状。当手触球时，两手要突然紧张，手腕下压盖住球的前上方。

5. 落地

拦网后，要做含胸动作，以保持身体平衡。手臂不能放松和随球下拖。要先使手臂后摆或两臂上提，然后再屈肘向下收臂，以免触网。与此同时，屈膝缓冲，双脚落地。

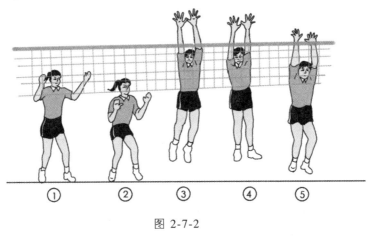

图 2-7-2

图 2-7-3

（二）技术分析

1. 拦网的取位

在拦网的预判阶段，拦网队员站位可稍离网远些，约距网 50 cm，一旦判断对方扣球位置或助跑最后一步制动时，起跳点距网应近些，这样便于集中力量向上跳起，争取拦网的高度和避免漏球。前排拦网队员左右站位应考虑对方的战术特点，采取相应的集中和分散站位。

2. 拦网的移动

拦网的移动方向主要是向两侧和斜前方。移动时采用的步法可归纳为："前一步、近并步、中交叉、远跑步。"此外，在原地起跳拦网时，若时间允许也可根据个人习惯在原地垫步后再起跳，以利于增加起跳的高度和保持身体的平衡。

（1）一步移动。在拦网准备时，站位可以离球网一臂左右距离。在该位置上便于向前或向斜前方做一步助跑起跳，这有利于增加弹跳高度。

（2）并步移动。向两侧近距离移动时可采用并步移动。其特点是能保持面对球网，便于观察，动作简单，利于及时起跳，但移动速度较慢。

（3）交叉步移动。交叉步移动适用于中、远距离的移动（2~4 m）。其特点是移动速度快、距离远，制动能力强，控制范围大。在交叉步移动后两脚着地时，脚尖应转向球网，便于制动和面对网起跳。

（4）跑步移动。距离较远时采用跑步移动。其特点是移动距离远、速度快、控制范围大。但对制动技术要求高。例如向右侧跑动时，身体先右转，顺网跑至起跳位置前，应先跨出左脚制动，接着右脚再向前迈出一步，使两脚平行站立，脚尖转向球网，随即屈膝、蹬地、起跳。若脚尖来不及转向球网时，应在起跳过程中边跳边转身，以保证空中能面向球网进行拦网。在助跑过程中，身体重心要逐步降低，起跳前下蹲不能太浅，以免影响弹跳高度。

3. 拦网的起跳

（1）起跳位置。选择起跳位置的关键是对对方扣球路线的正确判断，拦网队员应选择能拦住对方主要进攻路线的位置起跳。在拦一般球时，应迎着扣球队员助跑路线起跳；拦快球时，应根据二传的传球情况，及时判断，选择起跳位置；拦后排队员进攻时，应选择对方队员扣球点与本场区两底角连接线所形成的夹角中央位置起跳。

（2）起跳时间。掌握正确的起跳时间是拦网成功的基础。只有及时的起跳，才能有效地发挥起跳高度的作用。拦网队员起跳的时间，应根据二传球的高度、离网的远近、扣球者起跳的快慢、扣球动作幅度的大小以及扣球者的个人特点而决定。如果二传是远网高球，起跳应迟一些；如果是近网低球，起跳应早些。但一般情况下拦网者应比扣球人晚跳。如果是拦快球，拦网队员应与扣球队员同时起跳。

（3）起跳的动作。在拦网起跳前，要充分利用手臂的摆动帮助起跳。如来不及，可在身体前方划小弧用力上摆，以带动身体垂直向上起跳。一般拦快球起跳是采用快速起跳的方法，跳时应以小腿发力为主，做到浅蹲快跳；拦对方高举强攻球时，采用深蹲高跳的方法，起跳时必须深蹲、全力起跳。

4．拦网的方法

（1）伸臂动作。拦网击球时两臂应尽力伸直，前臂要靠近球网，两手间距不能大于球体的直径，以防止漏球。拦网时的伸臂动作要及时，过早容易被对方打手出界或避开拦网扣球，过晚不易阻拦扣球，失去拦网的效果。一般应在对方扣球瞬间伸臂。拦网击球时，两手腕应主动用力罩住球，球反弹角度小，则对方保护的难度就大。

（2）拦球方法。为了防止对方打手出界，2、4号位队员的外侧手掌应稍向内转；拦远网球时，为了升高拦网点，可不采用压的动作，而是尽量向上伸直手臂和手腕。

集体拦网由两人以上组成的拦网称为集体拦网。它可分为双人拦网和三人拦网两种。集体拦网的技术动作与单人拦网相同，其不同点是组成拦网区域，封堵固定的部位与方向，所以集体拦网时，队员间的互相配合是非常重要的。

（三）单人拦网技术教学与训练

1. 单人拦网教学顺序

先原地拦网，后移动拦网。单人拦网主要是个人技术，拦网教学可采用分解与完整相结合的方法，先掌握移动和起跳，然后再学空中双手拦击球动作。在掌握固定方向的拦网技术动作后，再学习拦未定方向、不同高度及弧度的球。最后结合各种进攻战术及教学比赛，提高拦网的能力。

2. 示范

采用完整动作示范：拦网起跳、空中拦击球手法和落地动作。教师示范可采用面对学员站立的示范位置，让学员看清拦网手形和拦击动作；学员也可在球网附近侧对球网站，看教师身体动作及手臂与网保持的距离。

3. 讲解

讲述拦网在比赛中的作用及拦网的动作方法。讲解动作方法要领时，重点突出判断和起跳时机。

4. 教学训练方法示例

（1）原地做拦网的徒手动作练习。

（2）两人隔网站立，一人双手持球于网上沿，另一人原地起跳拦固定球。

（3）两人隔网站立，做向左、向右原地一步起跳在网上空相互击掌。

（4）由教师隔网抛球，进行单人拦网练习。

（5）结合扣球练习，进行单人拦网练习。

四、双人拦网

由前排相邻的两个队员互相靠近、同时起跳组成的拦网称双人拦网。双人拦网是比赛中最常用的拦网形式，主要在对方大力扣球时采用。

（一）技术方法（图 2-7-4）

双人拦网时，应以一人为主拦队员，另一人为配合队员。但主拦队员不是固定的，一般情况下距对方扣球点近的队员应为主拦队员。主拦队员必须抢先移动到正对球落点的位置，做好起跳的准备，邻近的配合队员则迅速移动靠近主拦队员，同时起跳。起跳时，要防止互相冲撞或干扰。手臂在空中不能重叠，以免缩小拦击面，但又不能间隔太宽，造成中间漏球。靠近边线较近时，最外侧的一只手腕应适当内转，以防打手出界。

图 2-7-4

（二）双人拦网技术教学与训练

1. 双人拦网教学顺序

先学习单人拦网，后学习双人拦网。双人和三人拦网主要是集体配合，双人拦网教学可采用先分解后完整的方法，先掌握移动和起跳，然后再讲解分析两人四手拦击球时的配合动作。最后结合比赛进行实战训练。

2. 示范

可采用教师和学员配合做示范，拦网时两人移动、起跳的配合和空中拦击球时手法的配合。为让学员看清双人拦网的全过程，学员们可在球网两侧列队观看。

3. 讲解

讲述双人拦网在比赛中的作用及全过程方法。讲解分析两人四手拦击球时的配合动作。最后结合比赛进行实战训练。

4. 教学训练方法示例

（1）两人中一人固定，另一人移动进行配合拦网的徒手动作练习。
（2）由教师隔网抛球，进行双人拦网练习。
（3）结合扣球练习进行单人拦网练习。
（4）结合战术进行单人拦网练习。

五、三人拦网

三人拦网是集体拦网的一种形式。它是在对方扣球进攻力强、路线变化多，而且很少轻扣和吊球时采用。三人拦网的动作方法与双人拦网相似。其关键在于迅速移动、取位恰当、配合密切。无论对方从哪个位置进行扣球，一般都以 3 号位队员为主拦队员，2、4 号位队员为配合队员。在特殊情况下，也可以根据对方进攻的特点，由 2 或 4 号位队员为主拦队员。此时，另两个配合队员应及时移动去靠近主拦队员，同时起跳，要注意彼此的配合，防止起跳先后不一、互相干扰等现象的产生。由于三人拦网配合的要求较高，后排防守力量减弱，故要有针对性地采用。

思考题

1. 软式排球技术的特点是什么？它对软式排球技术提出了哪些要求？

2. 软式排球运动基本功包括哪些内容？它对提高软式排球运动水平有何影响？

3. 接发球、接扣球及接吊球时，通常采用哪种准备姿势为宜？为什么？

4. 移动最后制动时有哪些技术要领？

5. 正面传球的动作过程包括哪几个技术环节？

6. 分析正面传球基本手形和击球动作的要领？

7. 对二传队员的技术有哪些基本要求？

8. 常用的垫球有哪几种？分析它们的技术要领和使用时的注意事项？

9. 低姿垫球有哪几种？其技术有何优势和劣势？

10. 扣球助跑最后一步应如何着地和制动？

11. 分析正面扣球的空中击球动作要领。

12. 分析单人拦网的空中击球技术。

软式排球技术动作教学

第三章　软式排球战术

- 软式排球战术基本理论

- 软式排球阵容配备和位置交换

- 软式排球个人战术

- 软式排球进攻战术

- 软式排球接发球进攻

- 软式排球接扣球进攻

- 软式排球接拦回球进攻

第一节　软式排球战术基本理论

软式排球战术是指在比赛中为了战胜对手，根据软式排球运动规律，运用软式排球规则，并根据彼我双方的具体情况和临场变化所采取的有意识、有目的、有组织的集体配合和个人行动的总称。

一、软式排球战术的分类

软式排球战术可分为个人战术和集体战术两类。个人战术是指个人根据临场情况有目的地运用技术。集体战术则根据对方来球的特点和本方先防后攻的规律分为接发球进攻、接扣球进攻、接拦网球进攻和接传垫球进攻四个战术系统。每个战术系统又分为防守战术阵形和进攻战术阵形两部分，在各个进攻战术阵形中又有各种战术打法。

二、软式排球战术的指导思想

软式排球战术的指导思想是统帅一个球队在训练和比赛中技战术行动的主导思想和所遵循的基本原则。

制定本队的技战术指导思想，要针对比赛的主要对手和任务全面分析，从实际出发，扬长避短，力争技术全面、多样、适用，战术灵活多变。

我国软式排球运动经过长期实践，在学习国外先进经验和总结自己经验教训的基础上，提出了"在技术全面的基础上，向全攻全守发展。坚持快速，发展高度，正确熟练，配合多变，实现全、快、高、准、变"的技战术指导思想。技战术指导思想在不同时期也有所不同。往往是根据软式排球运动的发展的具体情况，提出相应的技战术指导思想。

三、软式排球战术意识

软式排球战术是指运动员在运用技术和战术的过程中，有目的地支配自己行动的心理活动。战术意识强表现在复杂的比赛过程中能根据双方的具体情况和临场变化，更合理地运用自己所掌握的各种技术，积极地与同伴配合。战术意识是队员在运动实践中所积累的经验、才能与知识的综合反映，也是队员在比赛中判断能力、反应能力、应变能力以及合理地运用技术和实现战术等能力的概括。

战术意识十分重要，它是反映一个队员是否成熟的重要标志。但战术意识不会自然形成，需要在教学、训练、比赛过程中精心培养和刻意磨练。随着理论知识的增长、经验的积累和训练水平的提高，队员的战术意识才能不断加强和成熟。

第二节　软式排球阵容配备和位置交换

一、阵容配备

（一）阵容配备的目的意义

阵容配备是合理安排上场队员的一种组织手段，其目的是将全队的力量有效地组织起来，最大限度地发挥全队的整体力量和每一个队员的作用及特长。

（二）阵容配备应注意的问题

（1）选择作风顽强、身体素质好、攻防技术全面且临场经验丰富的队员组成主要阵容。

（2）考虑进攻队员和二传队员的搭配、发球好和接发球好的队员的安排、拦网好和防守好的队员的合理使用，以及替补队员的合理调配。

（3）要考虑各个轮次的攻防力量基本平衡，保证上场队员中没有明显的薄弱环节。

（4）将发球攻击性强的队员安排在前面，力争先发制人。

（5）初学者比赛时，首先要将基本技术较好且失误少的队员安排上场，注意二传队员和有扣球能力队员的搭配。

（三）阵容配备的方法

1. 固定 3 号位做二传的配备

正式比赛分为四人制和六人制，固定 3 号位做二传的打法两种赛制都可用，其特点是没有传球技术突出的学员做固定二传，适合开始学习软式排球战术和比赛方法不久的初级队伍，为使学员初步体会"中一二"进攻战术的组织方法和每个位置队员在攻防中的作用，可以采取固定由 3 号位队员做二传的方法，即谁轮转到 3 号位，谁来做二传。

采用此种比赛阵容，比赛时要注意安排前后排强弱均匀，好与差互相间隔开。这种配备方法只能是教学初期使用。用此方法学习"中一二"甚至"边一二"进攻战术，也有利于发现二传培养对象。但此法不利于进一步提高，不宜长时间使用。

2. 两攻两传配备

两攻两传指四个人中有两个队员做攻手，两个队员做二传，适合四人制比赛。这样站位能保证四人制比赛时，不论轮转到哪一轮，前排都能保持同时有攻手和二传。六人制比赛中也可以借鉴。我们以有两个攻手为例，介绍阵容配备方法。两二传和两攻手分别对角站位，即一个二传在 1 号位时，另一名二传在 4 号位，以此类推。除攻手和二传手外，其他队员安插其间。这种配备方法能充分发挥攻手进攻的作用，同时也能保证二传在前排完成一些个人技术。在任何轮次上前后排都保持一名二传队员和一名进攻队员，便于采用"中、边一二"进攻战术，同时也便于传、扣队员相互配合。目前这种阵容配备比较适用于初学者和一般水平的球队。

3. "四二"配备（图 3-2-1）

"四二"配备适用于六人制比赛，即安排四个进攻队员和两个二传队员的配备方法，适合有一定训练水平的软式排球队使用。四名进攻队员又分成两个主攻和两个副攻队员，他们和两个二传手分别站在对角位置上。场上二传、主攻和副攻队员的站位方法有两种，视采用何种攻防战术而定。

特点：每一轮次前排都有一个二传手和两个攻手，容易组织本队的攻击力量，便于组织"中、边一二"进攻战术，故适合基层使用。如两名二传队员都有进攻力量，每一轮都可以采用"插上"进攻战术，前排可保持三点进攻，使进攻战术丰富多彩。

4."五一"配备（图 3-2-2）

"五一"配备适合六人制比赛，即安排五个进攻队员和一个二传队员，这是当前优秀软式排球队普遍采用的阵容配备方法。

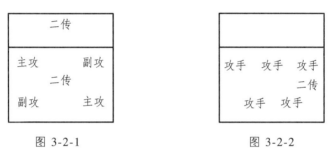

图 3-2-1　　　　　　　　　图 3-2-2

二、位置交换

（一）场上队员的位置排列和轮转方法

场上 6 名队员分前后两排站位，前排队员分前排左、前排中、前排右；后排队员同样站位。因规则规定比赛开始时由后排右队员发球，因此将后排右编为 1 号位队员。比赛中获得发球权的队先按顺时针方向轮转一个位置后，再由 1 号位队员发球。按发球顺序的先后将场上队员的位置编为 1 号位、2 号位……6 号位。同时为便于教学训练和比赛，将场上位置也分别称为 1 号位、2 号位……6 号位。

根据规则，场上队员在发球后可任意交换位置，后排队员不能到前排进攻和拦网。

（二）交换位置

为了发挥每个队员的特长，一般将二传队员换到便于组织进攻的位置上，主攻队员换到 4 号位，拦网好的队员换到 3 号位，防守好的队员换到后排的危险区域防守对方扣球等。

1. 换位方法

（1）采用"中一二"进攻阵形，发球后二传队员换位，可从 2 号位换至 3 号位，也可从 4 号位换至 3 号位。

（2）采用"边一二"进攻阵形，发球后二传队员也可从 3、4 号位换至 2 号位，便于组织进攻。

2. 换位时的注意事项

（1）换位前应按规则要求站位，防止"位置错误"犯规。

（2）发球队员击球后，应迅速跑到预定位置，做好击球的准备。

（3）比赛成死球后，应立即回原位，避免"位置错误"或"发球次序错误"。

第三节　软式排球个人战术

个人战术是队员在比赛中根据临场情况的变化，有目的、有针对性地运用个人技术的行动。

一、发球个人战术

发球是比赛的开始，更是进攻和得分的主要手段之一。主动进攻是发球的指导思想。发球的攻击性、技巧性和准确性是发球个人战术运用的基础。熟练的技术、良好的体力和心理素质是实现发球战术的保证。

（一）发球前应注意的问题

（1）要观察对方接发球阵形，选择薄弱区域作为攻击目标。

（2）要了解对方接发球个人的弱点，寻找攻击对象。

（3）观察对方二传队员和快攻队员的位置和跑动路线。

（4）要了解对方接不同性能、不同线路发球的适应程度。

（5）了解双方比分增长状况和比赛形势。

（二）发球个人战术

1. 拼发球战术

采用大力发球、跳发球、重飘球等攻击性发球，力争得分或破坏对方的进攻战术。这是有实力的队经常采用的发球战术。

2. 找点发球战术

将球发到对方接发球力量薄弱的区域。据观察统计，将球发到对方后场两个角上效果最好，其次是对方场地的腰部、前区特别是二传队员的背后。

3. 找人发球战术

找对方接发球差、信心不足或新换上场的队员作为攻击目标；或者将球准确地发到两人站位的结合部，造成争抢或互让。

4. 变化发球战术

可利用发球性能及力量变化、发球队员站位变化（发球区左右两边或中间、远近）、发球线路变化、发球长短变化来造成对方不适应。

5. 提高成功率战术

要注意提高发球的成功率，尽量减少失误。特别是在决胜局采用每球得分制，发球失误即失分，甚至直接导致比赛的失败。另外，比赛中连续的发球失误极易影响全队的士气和信心。

二、一传个人战术

为了组织本队的进攻战术而有目的地接发球行动就是一传个人战术。由于各队采取的进攻战术不同，因此对一传的方向、弧度、速度和节奏的要求也不同。

（一）接发球前应注意的问题

（1）熟悉本方的进攻阵形和进攻打法，二传队员的基本位置，确定一传的方向、弧度、速度和节奏。

（2）了解对方的发球特点，确定接发球取位以及和同伴协同配合。

（3）树立信心，仔细观察，充分准备。

（二）一传个人战术

（1）初学者应将一传球垫或传到二传队员的头上方，弧度稍高，便于做二传。

（2）采用强攻为主的战术打法时，一传弧度宜高，以便二传队员移动到位或其他队员调整传球。

（3）采用快攻战术打法时，一传弧度较平，速度稍快。

（4）采用两次球战术打法时，一传弧度要高，落点靠近网口，便于二次进攻。

三、二传个人战术

二传队员传球或其他队员做调整二传时，都应注意充分发挥本队进攻优势，避开对方拦网，掩护本方进攻。

（一）传球前应注意的问题

（1）二传队员或其他队员在传球前应充分了解本方队员的位置，每个队员的特点，该轮次的各种战术打法。

（2）了解对方拦网特点。

（3）观察发球和接发球一传状况，及时移动到位。同时要熟知本方队员的跑动路线和进攻准备状况。

（二）二传个人战术

（1）一传到位或基本到位时，根据本方队员特点和对方拦网状况，合理地分配球，尽量造成对方无人拦网或单人拦网。传高球时要掌握好集中与拉开、近网、中网、远网或后排，正传或背传，抛物线高与低等。

（2）传球时运用隐蔽动作或假动作，调动对方的拦网队员形成有利于进攻的突破口，达到避实就虚的目的。

（3）二传队员运用两次进攻或二传吊球吸引对方拦网，达到牵制对方、掩护本队进攻的目的。

（4）处理好困难球。根据临场一传状况，如传球到位或不到位、近网或远网、直冲网口或网下，灵活地采用跳传、低姿传、单手传或垫二传，力争组成快攻或强攻。如对冲网的一传高球，利用跳传或单手传，或直接扣两次球、吊球。

（5）调整传球时也可运用侧传、背传、集中、拉开、传前排、传后排的变化来迷惑对方。

四、扣球个人战术

扣球是进攻和反攻成败的主要体现，是一个队实力的综合反映。现代软式排球中快球要快，强攻要强，重扣轻打相结合应是扣球的指导思想。

（一）扣球前应注意的问题

（1）扣球前应明确本队的进攻打法和应变措施。应观察一传和二传的情况确定跑动路线、上步时间和起跳地点，主动和同伴配合，并根据二传情况，随机应变。

（2）了解对方该轮次拦网、防守特点，拦网队员及后排防守布局情况。

（3）助跑起跳过程中和起跳后要观察拦网队员的动作、手形及场上防守队员的位置变化，寻找攻击线路和攻击点。

（二）扣球个人战术

1. 扣球时避开拦网队员的手

（1）运用扣球路线的变化，如扣直线、斜线和小斜线等。

（2）运用近网与远网的变化，使对方拦网者不易判断过网点与时机。

（3）扣吊结合。

（4）熟练运用扣球动作，提早或延迟击球时间。

（5）利用两次球战术使对方不能组成双人拦网。

2. 扣球时利用拦网队员的手，造成对方失误

（1）打手出界。

（2）轻扣球触及拦网队员的手，造成球随拦网队员一同下落。

（3）平打，造成对方拦网触手后落入后区或出界。

（4）运用吊球，使球落在对方网前。

3. 根据临场情况采取的扣球战术

（1）根据对方拦网队员的身高和技术情况，避强打弱。如对方二传队员身材矮、弹跳差，就可从这个二传队员拦网的区域进行突破。

（2）找人找点的扣球。将球扣向对方水平较弱的队员或对方站位的空当。

五、拦网个人战术

拦网既是防守技术，也是进攻手段，拦网时必须加强判断，善于运用隐蔽动作和假动作。

（一）拦网前应注意的问题

（1）要观察对方一传、二传和进攻队员的跑动情况，判断对方的进攻打法和主要攻击点。

（2）了解对方二传队员的特点、快攻节奏和强攻队员特点，从而采取相应的拦网措施。

（3）注意和同伴配合拦网，以及和后排队员分工，确定主拦线路。

（二）拦网个人战术

（1）站直线拦斜线或站斜线拦直线，运用取位和空中变化迷惑对方。

（2）可制造假象使对方受骗，或在空中两臂先分开，有意露出中路，引诱对方中路进攻，然后突然阻拦中路。

（3）发现对方想利用打手出界或平打手指时，要及时撤手使之扣球出界。

六、防守个人战术

在防守时应选择有利的位置，采取合理的击球动作，有效进行防守。

（一）防守前应注意的问题

（1）根据对方二传的方向、落点和进攻队员跑动的方向和击球点高低，判断对方进攻的位置和来球落点。

（2）根据对方进攻特点和空中动作，判断对方的进攻是重扣还是轻吊。

（二）防守个人战术

（1）根据判断，及时移动取位，守住"最危险"区域。

（2）运用各种击球动作防守起球，力求控制球的高度和落点，便于组织反攻。如来球能够控制，要垫给二传队员以便组织快攻或强攻。

第四节　软式排球进攻战术

软式排球进攻战术可分为进攻阵形和进攻打法两个层次。进攻阵形是指进攻时所采用的基本队形；进攻打法则是在进攻阵形的基础上所运用的各种变化。

一、进攻阵形

软式排球进攻阵形多是以二传队员的位置为基础，以二传与攻手在场上的位置关系来区分的，有三种基本阵形均适用于四人制和六人制阵容：

（一）"中一二"进攻阵形

前排中间的 3 号位队员做二传将球传给 4、2 号位队员进攻。这种进攻的组织形式即为"中一二"进攻阵形。

"中一二"进攻阵形的优点是：接对方来球后向网中部 3 号位垫球较容易，因而有利于组成进攻，适合初学者采用；二传队员在网前接应一传，移动距离近，向 2、4 号位传球距离短容易传准，传球难度低。缺点是变化少，对方容易识破战术意图，造成被对方盯人拦网或防守。

（二）"边一二"进攻阵形

前排边 2 号位队员做二传，将球传给 3、4 号位队员进攻，这种进攻的组织形式即为"边一二"进攻。也可以由 4 号位做二传，2、3 号位队员进攻。方向与 2 号位做二传相反。

"边一二"进攻阵形的优点是右手扣球者在 3、4 号位扣球都比较顺手，战术变化较多。缺点是 5 号位接一传时，向 2 号位垫球距离较长不易传准；一传偏 4 号位时，二传接应较困难。

（三）"插上"进攻阵形

二传在后排时，在对方发球后由后排插上到前排做二传将球传给前排 4、3、2 号位队员进攻，这种进攻的组织形式即为"插上"进攻阵形。例如，二传队员在 1 号位时，发球后插到前排向其他位置做传球。比赛中发球开始后，随时可以插上。

"插上"进攻阵形的优点是能保持前排三点进攻，配合变化多并能利用网的全长组织进攻，但对插上二传队员的能力要求较高。

二、进攻打法

进攻打法是指在比赛中，一传队员、二传队员和扣球队员之间所进行的各种进攻战术配合的方法。其目的是避开对方的拦网，突破对方的防线，争取主动，扩大战果。进攻打法可分为强攻、快攻、两次攻、立体攻四大类。

（一）强攻

强攻是指凭借队员个人的身高和弹跳力，在进攻意图明显、对方有防守准备的情况下强行突破对方的防御。一般指传高球进攻。根据不同的二传位置，还可以分为集中进攻、拉开高球进攻、调整进攻和后排队员的高球进攻4种打法。

（1）集中进攻：二传队员向4号位或2号位传出弧度较高、落点集中在3号位和4号位或2号位和3号位之间的球组织扣球进攻。

（2）拉开进攻：二传队员将球传到标志杆附近所进行的进攻。这种打法能扣直线和小斜线，既便于避开拦网，也便于打手出界。

（3）围绕进攻：进攻队员从二传队员后面绕到前面扣球称为前围绕进攻；绕到二传队员后面称为后围绕进攻。

（4）调整进攻：当一传不到位，由二传或其他队员将球调整到网前所进行的扣球进攻。

（二）快攻

快攻是指二传传出的各种有意控制时间的球，攻手进行平快扣球以及利用平快扣球掩护同伴进攻或自我掩护进攻所组成的各种快速多变进攻战术的总称。

（1）平快扣球是指进攻的速度快，即二传球低或平，与扣球队员的配合节奏快，从时间上造成拦网的困难。平快球分前快、短平快、背快、背平快、平拉开、调整快、远网快、后排快等八种。

（2）自我掩护进攻是进攻队员利用自己打平快球的助跑、起跳的假动作来掩护自己所进行的第二个真扣球动作。

①"时间差"进攻，利用起跳时间上的差异进行扣球进攻。

②"位置差"进攻，利用起跳位置上的不同进行扣球进攻。

③"空间差"进攻，利用起跳后的空间移位，造成时间和击球点的不同进行进攻。

（3）快球掩护进攻是一名队员利用各种平快球进行掩护，然后二传队员将球传给其他进攻队员扣球进攻。

①交叉进攻：一名进攻队员快球掩护，另一名进攻队员与其交叉

换位后扣半高球（图 3-4-1）。

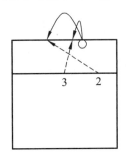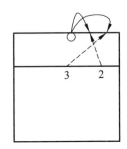

图 3-4-1

② 梯次进攻：一名进攻队员快球掩护，另一名进攻队员在其背后扣距网稍远的半高球（图 3-4-2）。

③ 夹塞进攻：3 号位队员做短平快掩护，吸引对方 3 号位队员拦网，这时 4 号位队员内切跑动夹到 3 号位队员与二传队员之间扣半高球（图 3-4-3）。

④ "双快一跑动"进攻：这种打法的特点是由各进攻队员做快球掩护，另一名进攻队员针对对方拦网的空隙积极跑动进行活点进攻（图3-4-4）。

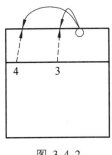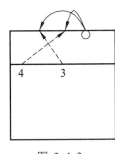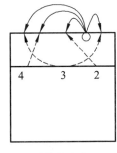

图 3-4-2　　　　　图 3-4-3　　　　　图 3-4-4

（三）两次攻

当一传来球较高，又在网前适合扣球的位置，前排队员可以跳起来直接进行扣球，如遇拦网，留在空中改做二传将球转移给其他前排队员进攻，这种打法就叫两次球及其转移进攻。

以上所述三种进攻战术打法，同样也都可以在接发球、接扣球、接拦回球或接对方传、垫过来的球之后任意选择运用。

（四）立体攻

前排队员运用各种快速战术组织进攻，同时也掩护后排队员从进攻线后跳起进攻，形成横向、纵深全方位的进攻（多用于六人制比赛）。

第五节 软式排球接发球进攻

比赛中第一手准备就是要接起对方发过来的球，并力争将球垫或传到预定位置，组成各种有效的进攻战术，其目的是争取得分，并夺取发球权。

一、接发球的基本要求

接发球是进攻的基础，只有接好发球，才能保证战术的组成和有力的进攻。反之，接发球失误会造成直接失分或一传不到位，影响二传的传球效果，最后影响本队进攻水平的发挥。接发球的基本要求如下：

（一）正确判断

接发球的好坏，很大程度上取决于队员是否有接球的意识、能否提前、正确判断来球的性质。接球前，思想要集中，充分做好接发球的准备，密切注意对方发球的情况，根据不同的站位、发球动作、性能、力量及速度，迅速地做出正确的判断。

（二）合理取位

六人制阵容，一般采用五人接发球，其基本阵形是前三后二。2、4号位队员应站在离中线 4~5 m、距边线 1~1.5 m 处。后排队员的位置要以前排队员为基准，取前排队员两人之间的位置，避免重叠和影响视线，1、5号位队员距端线 3 m 左右。这种站位也叫"W"形站位（图 3-5-1）。此外，要根据对方发球的特点及站位，随时调整位置，可密集站位或松散站位。

四人制阵容一般采用三人接发球，必要时也可采用四人接发球。三人接发球时通常三个人站成一排平均分布，距离端线 3 m 左右。根据场上的发球情况，中间的队员可适当向后移，三人站成弧形（图3-5-2）。四人接发球时，2、4 号位队员稍靠前，距离端线 4 m 左右，1、3 号位稍靠后，距离端线 2.5 m 左右。

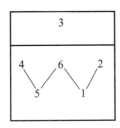
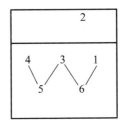

图 3-5-1

四人组成弧形，也叫"马蹄"形站位。要根据对方发球的特点，随时调整位置，可密集站位或松散站位（图3-5-3）。

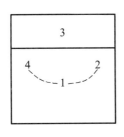
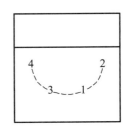

图 3-5-2　　　　　　　　　　　　图 3-5-3

（三）明确接发球的范围

接发球时，要互相明确各自接球的范围，避免造成让球和抢球的现象。正常情况下前、后排队员要避免重叠，同排队员之间距离要合适，并可根据比赛情况稍分前后。

接发球的分工，要注意合理性和实效性，应根据队员接发球能力而定。接发球好的队员接发球范围可大一些，反之则可小些，也可不参加接发球。后排队员接球范围可大些。进攻队员可小些。球落在两人或三人之间时，谁能最快地对准来球采用正面垫击，谁就主动去接发球，或由一传较好的队员去接，一般是先喊出口要接球的队员去接球，其余的保护。

前排队员接球时要果断，以免影响后排接球。需要强调的是，进攻队员应先准备接球，再准备进攻，切忌只想进攻，不准备接球。

（四）加强接发球时的保护

一个队员接发球时，其他五个队员都要注意保护并准备接应。不明确由谁来接来球时，一人应抢先卡位并呼喊，另一人应立即移动至侧后方进行保护。场上每人都要有抢救被垫飞和入网球的准备，培养保护队友的意识。

二、接发球的站位阵形

为了合理地接起对方的发球，并垫到预定位置组织进攻，场上队员的站位应根据本队采用的进攻战术来确定，同时，也要考虑对方所采用的发球方法。因此，必须研究和掌握各种不同发球的性能及其规律，采取相应的站位形式。

接发球站位阵形种类按其接发球的人数可分为：五人接发球、四人接发球、三人接发球和二人接发球站位。下面重点分析五人接发球和三人接发球站位阵形。

（一）特点

五人接发球的优点是每人接一传的范围相对较小，接发球时已站成了基本的进攻阵形，组成战术比较方便。其缺点是当需要二传后排插上时，二传队员移动距离较长。

（二）站位方法

（1）六人制比赛阵容，除一名二传队员站在网前或由后排插上、不参加接发球外，其他五名队员都肩负一传的任务，一般队多采用这种阵形。根据本方战术及对方发球情况，五人接发球站位常用的有以下几种：

①"一三二"阵形。也称"W"形，其特点是五个队员均衡分布，每个队员接发球的范围相对减小，前面三个队员接场地前区球，后排两个队员接后区球，职责分明。其缺点是队员之间交界点相应增多，在队员配合不够默契时，会出现互相干扰、互抢互让现象。同时前区和后区两角的空隙面积也较大。如果对方发来的球落点靠前或靠后，接发球时要适当向前或向后移动（图3-5-4）。

②"一二一二"阵形。其特点是队员分布更加均衡，分工明确，前面两个队员接前区球，中间队员接中区球，后面两个队员接后区球。这种阵形有利于接落点分散、抛物线高、速度慢的轻发球，适合初学者运用（图3-5-5）。

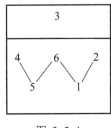

图 3-5-4

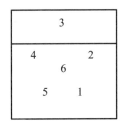

图 3-5-5

③ 四人接发球阵形。在六人制比赛中四人接发球多是在二传插上的轮次运用。适合具有一定一传水平的队伍（图3-5-6）。

④"假插上"阵形。当二传队员在前排时，为战术需要或为迷惑对方可采用四人接发球（图3-5-7）。

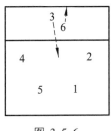

图 3-5-6

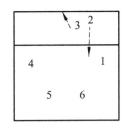

图 3-5-7

（2）四人制比赛阵容，一般多采用一名二传队员站在网前或由后排插上、不参加接发球，其他三名接一传这种阵形。但在特殊情况下，如为了减少一传的空当可采用四人接发球。三人接发球站位常用以下两种：

① "一三" 阵形，其特点是接发球的三人站在一条直线上，左右平均间隔开，适合接发球队员水平较平均，且对方发出球的速度不是很快的情况下（图 3-5-8）。

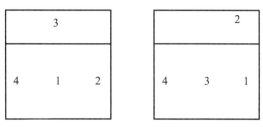

图 3-5-8

② "一二一" 阵型，其特点是接发球的三人弧形站位接发球，2、4号位接发球时较3号位或1号位队员略靠前,适用于对手发球速度快、落点分散的情况（图 3-5-9）。

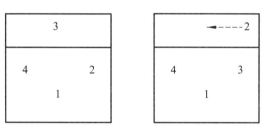

图 3-5-9

三、接发球进攻

在接起对方发球后，通过 "中一二" "边一二" 或 "插上" 进攻阵形，运用强攻、快攻、两次攻等战术打法，达到突破对方拦网的目的。

接发球进攻应注意以下问题：

（一）"中一二" 进攻的战术变化

1. 定位进攻的打法

（1）3号位二传队员将球传给4号位队员或2号位队员集中或拉开

进攻（图 3-5-10）。

（2）3 号位二传队员将球传给 4 号位队员扣平拉开球或背传半高球给 2 号位队员进攻（图 3-5-11）。

（3）3 号位二传队员将球传给 4 号位队员扣短平快球或传背平快球给 2 号位队员进攻（图 3-5-12）。

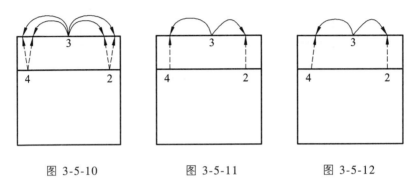

图 3-5-10　　　　　　　图 3-5-11　　　　　　　图 3-5-12

2. 定位与跑动换位进攻的打法

（1）4 号位队员定点进攻或 2 号位队员换位进攻（图 3-5-13）。

（2）2 号位队员定点进攻或 4 号位队员跑动换位进攻（图 3-5-14）。

3. 两点跑动的活点进攻的打法

（1）2 号位队员跑到 3 号位二传队员身前扣快球或做快球掩护，或 4 号队员打平拉开球或短平快球（图 3-5-15）。

（2）4 号位队员扣快球或做快球掩护，或 2 号位队员与 4 号位队员做交叉进攻（图 3-5-16）。

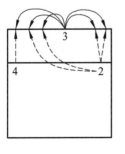

图 3-5-13

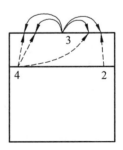

图 3-5-14

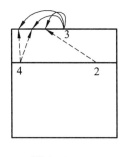
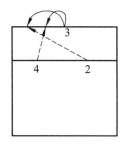

图 3-5-15 　　　　　　　　　　　　图 3-5-16

（二）"边一二"进攻的战术变化

1. 定位进攻

（1）3 号位队员扣一般集中球，4 号位队员扣一般拉开球（图 3-5-17）。

（2）4 号位队员扣定位拉开高球或平拉开球，或 3 号位队员进行前快或短平快的扣球或掩护（图 3-5-18）。

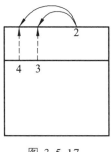
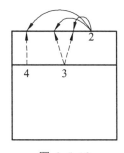

图 3-5-17 　　　　　　　　　　　　图 3-5-18

2. 定位与跑动换位两点进攻

（1）4 号位队员扣定位球或 3 号位队员跑到 2 号位队员身后扣背快或半高球（3-5-19）。

（2）4 号位队员内切跑动进行前快或短平快扣球或掩护，或 3 号位队员做梯次进攻（图 3-5-20）。

3. 两点跑动的活点进攻

（1）4 号位队员与 3 号位队员做交叉进攻（图 3-5-21）。

（2）3号位队员跑动扣背快球，或4号位队员大跑动绕到2号位队员背后扣背拉开高球（图3-5-22）。

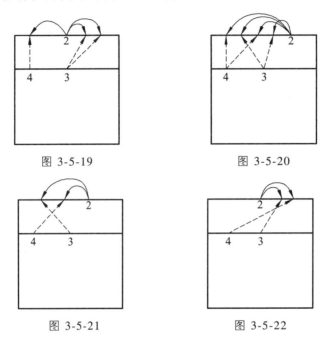

图 3-5-19　　　　　　　　图 3-5-20

图 3-5-21　　　　　　　　图 3-5-22

（三）插上进攻的战术变化

（1）3号位队员扣前快球，或2号位队员或4号位队员做两边拉开进攻（图3-5-23）。

（2）4号位队员强攻，或3号位队员和2号位队员做"后交叉"进攻（图3-5-24）。

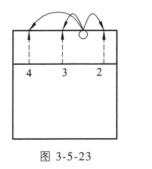
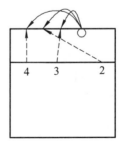

图 3-5-23　　　　　　　　图 3-5-24

（3）4号位队员强攻，或2号位队员和3号位队员做"背交叉"进攻（图3-5-25）。

（4）2号位队员定点强攻，或4号位队员和3号位队员做"前交叉"进攻（图3-5-26）。

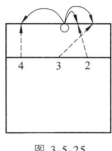 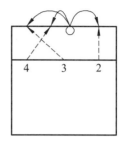

图 3-5-25　　　　　　　　　　　图 3-5-26

四、接发球进攻战术的教学与训练

（一）"中一二"进攻阵形的教学与训练

熟悉"中一二"进攻阵形，包括二传队员换位，各位置的协同配合以及在攻防转换中灵活运用是教学训练的重点。

1."中一二"进攻阵形教学训练的要求

（1）讲解、演示战术阶段。使学员初步了解"中一二"进攻战术的组织环节和前排队员的分工。

（2）简单条件下的初步体会阶段。此阶段通过球场站位和徒手移动等方法，使学员明确各自的位置、职责、基本活动路线及范围。可以边讲边练，让学员体会每个位置，并留出时间让学员自己去体会。

（3）复杂条件下的熟练巩固阶段。此阶段可根据学员掌握的程度，逐步增加难度。如在对方发球、一传困难的条件下进行训练，要求学员进行整体配合。此阶段多在接近比赛的条件下训练，要帮助学员不断地总结经验教训。

（4）比赛条件下的提高运用阶段。此阶段是通过教学比赛，达到全面提高全队的整体战术配合的运用能力。在攻、防转换中大胆运用所学的战术，不要因一时效果不佳而随意放弃战术配合。要求学员在此阶段不要过分计较输赢。这种教学比赛的主要任务应该为战术训练服务。

2. "中一二"进攻阵形的教学步骤

（1）运用黑板、沙盘讲解战术名称，场上队员的位置、职责、跑动路线及配合特点等，使学员建立明确完整的战术概念。

（2）学员按战术要求，进行各轮次的徒手模仿战术跑动，进一步加深对所学战术的理解。

（3）结合教师抛球进行的一传、二传、扣球串连与小组配合练习，熟悉跑动路线和各环节间的配合。

（4）发、垫、二传、扣球的全队整体配合练习。

（5）在有拦网的攻、防对抗练习中，应使战术练习与实战紧密结合。

（6）在教学比赛中运用所学的战术。

3. "中一二"进攻阵形的教学训练方法

（1）熟悉位置和跑动路线的练习方法。

① 本方6号位抛球给3号位二传队员，二传队员向2、4号位传拉开球，2、4号位队员助跑起跳后将球接住。

② 隔网抛球，6号位队员垫球，组织"中一二"进攻战术的小组配合练习，但不扣球。

③ 隔网抛球，进行全队战术配合练习，要求场上每个队员熟悉自己的位置和职责。

（2）二传队员传球的练习方法。

① 3号位队员根据不同的来球移动抢位，运用正面传球和背传技术，传出各种不同弧度和落点的球。

② 3号位二传队员在每传一次球后，立即向传球方向跑动，绕过4或2号位队员后，再跑回3号位传球。

（3）二传和扣手的配合练习。

① 由后排专人供球，3号位做二传，4号位队员扣球。

② 由后排专人供球，3号位队员背传给2号位队员扣球。

（4）接发球组织进攻练习。

① 接对方发球后，全队组织"中一二"进攻战术的练习，发球的

力量不能太大。

②接发球后，全队组织"中一二"进攻。完成进攻后立即后撤，再次接对方场内抛来的球，并组织"中一二"进攻战术。

③两队轮流发球，双方组织"中一二"进攻。

5. 成队对抗比赛

①接场外抛球，双方组织"中一二"进攻。

②在教学比赛中组织"中一二"进攻。

（二）"边一二"进攻阵形的教学与训练

"边一二"进攻阵形常用的战术打法主要体现在二传队员和扣球队员的配合上。二传队员同时与两个扣球队员配合以及从 6 号位向 2 号位垫一传都是教学训练的重点。

"边一二"进攻阵形的教学训练要求、教学步骤、教学训练方法以及注意事项与"中一二"进攻阵形基本相同。

（三）"插上"进攻阵形的教学与训练

"插上"进攻阵形的教学训练难点是对插上二传队员的专门训练（尤其是防反中的插上），以及在进攻中二传队员组织以快球为中心的各种战术打法时的全队配合。

"插上"进攻阵形的教学步骤与"中一二""边一二"进攻阵形相似，但因组织进攻难度大，战术打法变化多，教学训练方法也更为丰富。

第六节　软式排球接扣球进攻

接扣球进攻又称为防反，是比赛中主动得分的重要手段，是一个队实力和水平的主要表现。接扣球及其进攻包括拦网、后防守、组织进攻等几个相互衔接的部分。拦网既是防守，又是从防守直接转为进攻的手段；既是第一道防线，又是最快捷有效的进攻，如能直接拦死，实质上就是最好的反攻。但拦网毕竟是被动行为，其有效性是有限的。除拦网外，还必须靠后排防守接起对方的扣球并组织反攻。后排防守是反攻的基础，如能将扣球手或触拦网手的球接起，并通过二传或调整传球组织反攻，就有可能争取得分或发球权。反攻扣球是完成反攻战术的最后一击，是直接得分的主要手段。

一、接扣球防守战术

接扣球防守是由前排拦网和后排防守两部分组成。有效的拦网不仅可以抑制对方的进攻，而且还可以直接拦死对方的扣球，起到进攻的效果。后排防守是前排拦网的后盾，起到保护拦网、弥补拦网的作用，把没有拦到的球接起来再组织进攻。只有前后排队员紧密配合，方能收到预期的防守效果。

（一）拦网

拦网战术是接扣球及其进攻战术的组成部分，它和后排防守组成完整的防御和反攻体系，拦防相辅相成，密不可分。单就拦网战术而言，可分为单人拦网和集体拦网两类。集体拦网又分为双人拦网和三人拦网两种，这里着重介绍单人拦网和双人拦网战术。

1. 单人拦网

在对方进攻力量不强、扣球路线变化不多时采用单人拦网。单人拦网可分为盯人拦网和固定专人拦网两种形式。

（1）盯人拦网。

根据对方扣球手的扣球位置，由本方与之隔网相对的前排队员负责拦网，不拦网的前排队员后撤参加防守和保护。如对方在 4 号位扣球，应由与之相对的 2 号位队员拦网。

（2）固定由 3 号位队员拦网。

对方无论在哪个位置进攻，均由 3 号位队员负责拦网。如对方在 2 号位进攻，本方 3 号位队员移动到 4 号位拦网进行单人拦网时应注意以下问题：

① 拦网前要判断取位，选择起跳点。根据对方扣球人助跑起跳方

向，正对扣球路线起跳，拦住扣球主要路线。

②拦高球时要迟于扣球人起跳，一般在对方起跳引臂准备击球时再跳，可在最高点阻击扣过来的球。要领是深蹲、慢起、高跳。

③拦快球时应和扣球人同时起跳，否则太迟。

④拦远网或后排强攻扣球时，起跳时间应放慢，尽力深蹲高跳，手臂力求上升。为拦住对方平扣后场的球，在高跳，提、伸臂的同时双手适度后仰，争取将球拦起，削弱对方进攻。

2. 双人拦网

当对方扣球手的扣球力量较大，路线变化较多，或用单人拦网不能拦阻时，应采用双人拦网。双人拦网主要由2、3号位或3、4号位队员组成。组成双人拦网的关键是3号位队员加强判断，主动与2、4号位队员配合。组织双人拦网应注意以下问题：

（1）组织双人拦网一般应以与对方进攻位置相对应的队员为主拦网队员。其他队员积极配合，防止各行其是。

（2）主拦队员正确取位对组成双人拦网非常重要。一般以主拦人的内侧手对准扣球路线。协助者积极移动向主拦人靠拢组成双人拦网。

（3）起跳时相互间要保持适当距离，并控制好身体重心，避免相互冲撞或两人间隔过大。

（4）拦网时两队员手臂之间的距离以不让球漏过为宜，同时又要尽量加大拦网面。当对方进攻战术灵活多变时，拦网战术也要"随机应变"，力争组成集体拦网，至少保持一人拦网，不能让对方空网进攻。

二、后排防守

后排防守是第二道防线，是保证少失分和争取反攻得分的基础。目前拦网的高度和拦网技术、战术有了很大的发展，但避开或通过拦网攻入后排的球仍占多数。如果这些球防不下来，反击的机会就会减少。所以说，坚固的后排防守能使本方由被动转为主动，为得分创造有利条件。后排防守还体现着一个球队的精神面貌，顽强有效的后排防守能鼓舞士气。

（一）接扣球防守阵形

防守阵形是拦网与后排防守的综合体。比赛中，有无人拦网、单人拦网、双人拦网和三人拦网下的接扣球防守阵形。

1. 无人拦网时的防守阵形

初学者扣球很弱，或进攻时球离网很远，不需要拦网，这时应采用不拦网的防守阵形。前排进攻队员要撤到进攻线后，既准备防前排的球，又便于反攻。二传队员则留在网前，首先准备接对方吊在网前的球，同时也要做好反攻传球的准备。如果 2 号位队员是二传队员，可按"边一二"接发球位置站位；如果 3 号位队员是二传队员，则可按"中一二"接发球位置站位。

2. 单人拦网时的防守阵形（多用于四人制防守阵形）

（1）与对方扣球队员相对位置队员拦网的防守阵形：以对方 4 号位进攻为例，由本方 2 号位队员单人拦网，3 号位后撤防吊球，4 号位和 1 号位队员后撤至端线前 2 ~ 3 m 防守（图 3-6-1）。若在六人制防守中应用，那参与防守的队员有 5 名，遇对方 4 号位队员进攻，通常 3 号位队员后撤防吊球，不拦网的 4 号位队员后撤防小斜线，后排三人组成半弧形防守。

（2）固定由 3 号位队员拦网的防守阵形：无论对方从什么位置发起进攻，均由 3 号位队员单人拦网，2、4、1 号位队员后撤组成半弧形防守，或一人跟进保护，两人后撤防守（图 3-6-2）。若在六人制防守中应用，那参与防守的队员有 5 名组成防吊防扣的防守阵形。

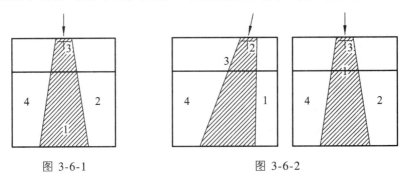

图 3-6-1　　　　　　　　　　图 3-6-2

3. 双人拦网时的防守阵形

（1）"双拦两防"防守阵形，适用于四人制防守阵形，以对方 4 号位进攻为例，由本方 2、3 号位拦网，封住直线球，不拦网的 4 号位抽回防守小斜线和防吊球，1 号位后撤防守（图 3-6-3）。

（2）"心跟进"防守阵形，也称为"6 号位跟进"防守阵形（图 3-6-4）。适用于六人制防守阵形。当对方经常打吊结合，而本方拦网能力强，能封住后排中场，6 号位队员又善于防守吊球时，可采用"心跟进"防守阵形。运用"心跟进"防守阵形，对接吊球和拦网弹起的球较为有利，也便于接应和组织反攻。但后排只有两人防守，空隙较大，后排中央和两腰容易造成空当。如果对方战术多变，突破点多时，则不宜采用这种防守阵形。

（3）"边跟进"防守阵形，也称为"马蹄形"或"1、5 号位跟进"防守阵形（图 3-6-5）。一般在对方进攻力量较强、战术变化较多、吊球较少时采用。目前国内外强队广泛采用这种阵形。采用这种防守阵形时，前排由两人拦网，不拦网的前排队员后撤和后排队员组成半弧形的防守阵形。这种阵形防守对方大力扣球较为有利，其弱点是球场中间空隙较大，容易形成"心空"。对方如扣直线球结合轻扣吊球，则防守较为困难。

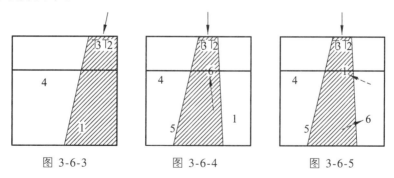

图 3-6-3　　　　　图 3-6-4　　　　　图 3-6-5

（二）后排防守应注意的问题

1. 与拦网的配合

后排防守应与前排拦网密切配合，互相弥补。一般来讲，拦网者的主要任务是封住对方的主要进攻路线，后排防守队员主要防守对方的次要进攻路线及吊球和触拦网手的球。如对方主要进攻路线是直线时，本方应拦直线、防斜线。如对方从 3 号位进攻时，一般都可扣两条线，拦网队员应拦住正面进攻，放开两侧；后排防守队员应防斜线。

2. 防守队员的互相弥补和接应

每个防守队员的判断取位都可能产生错误，当同伴判断失误而出现空当时，其他队员应主动采取弥补措施。后排防守时，会经常出现防守队员垫球失误的情况。因此，当一名队员接球时，其他队员应随时做好向各个方向移动接应的思想准备。

3. 要具有良好的心理品质

心理因素在后排防守中起着重要作用，因此培养队员具备良好的心理品质，保持良好的心理状态是十分必要的。它包括：有信心防起重球，有拼搏的精神，勇猛顽强，不怕摔打。防守队员要互相呼喊、互相鼓励、鼓舞斗志。

三、接扣球进攻

接扣球进攻比接发球进攻要困难，在比赛中出现的次数也多，又是得分的主要手段。它对比赛的胜负起着重要作用。

（一）接扣球进攻战术阵形的运用

接扣球进攻战术阵形的运用与接发球进攻战术大致相同。由于拦网队员触球后还可击球三次，不仅有利于组成反攻，而且也为快速反击创造了有利条件。因此，在接扣球进攻中，首先要发挥拦网的进攻作用，其次要努力提高调整强攻和后排进攻的威力，要抓住一切机会，尽可能多地组成快速反击。

（二）接扣球进攻时应注意的问题

（1）在拦网和后排防守的防御体系中，拦网队员要主动与后排防守队员沟通，确定每次拦防的分工与配合。一般由主拦网员提醒后排队员。后排队员根据拦网的布局确定部署，加强危险区域的防守。

（2）要将防守最好的队员安排在对方进攻的主要线路上，根据对方进攻特点和前排拦网区域及时调整，后排其他队员与之配合。

（3）对防起的球要积极组织快速反击，如条件不允许，要发挥本方远网扣球和后排进攻的威力，不轻易采用传垫方式将球处理过网。

（4）前排拦网高度如明显不及对方扣球高度时，不要放弃拦过网，可运用手臂高举、手腕后仰的办法将球拦起，力争削弱对方的进攻，组织有效的反击。

四、接扣球战术的教学与训练

（一）无人拦网下防守的教学与训练

在对方扣球威力差或推攻情况下可采用无人拦网下的防守阵形。

1. 无人拦网下防守的教学训练要求

防守本身是被动的，但可以通过教学训练减少被动防守的因素，提高主动防守的成分，变消极防守为积极防守。这就要求在教学训练过程中做好以下几点：

（1）思想上应克服"怕"字，敢于迎球。

（2）动作上充分做好准备姿势。

（3）加强预判，做到及时取位。

（4）注意与同伴的配合，不抢不让，相互弥补。

2. 无人拦网下防守的教学步骤

（1）用黑板或沙盘进行演示，讲解无人拦网的防守阵形及各位置职责。

（2）徒手站位，体会各位置的分工范围。

（3）根据对方二传球的方向，移动取位布阵。

（4）对方2、4号位进攻，实际体会不拦网的防守。

（5）教学比赛中的实际运用。

3. 无人拦网下防守的教学训练方法

（1）教师在对场高台轻扣球，让学员熟悉各位置的活动范围，体会自己的职责和作用。

（2）个人防守练习，教师可任意在网前变换位置扣球。

（3）防、调串连练习，不防守的队员做调整传球，然后交换位置。

（4）连续防调：教师和一名助手网前扣球，学员完成防守或调整之后换位，连续进行。

（5）扣防对抗：后排三人防，对方 4 号位轮流扣球，也可以 2 号位轮流扣球。

（6）方法同上，分别从 2、4 号位扣球。

（7）扣球的同时有意识增加吊球，全队防守。

（8）三对三攻防练习：教师从场外扣球入场，防起后立即组织进攻，双方攻防对抗。

（二）单人拦网下防守的教学与训练

采用单人拦网防守战术，不拦网的队员应后撤防守和保护。单人拦网下防守的教学训练难点是拦网与防守的有机配合。

1. 单人拦网下防守的教学训练要求

（1）拦网触手后球的方向往往更无规律，使防守的难度更大，要求不拦网队员尽快后撤，与后排队员协同防守。

（2）后排队员不但要判断对方扣球队员的战术意图，还应观察本方拦网队员的位置和漏洞，主动与前排拦网队员配合。

（3）二传队员常常是在拦网落地后，后排防起的球即到，因此要求二传队员的转身后撤接应传球能力和意识强。

（4）前排进攻队员在拦网后，通常经过后撤再转为进攻，但有时来不及后撤即转入进攻，因此要学会原地起跳扣球技术。

（5）单人拦网下防守的教学训练是在进攻战术教学训练的基础上进行的，其重点在于如何从拦防转入反攻的衔接上。

2. 单人拦网下防守的教学步骤

（1）利用挂图、沙盘进行演示，讲解单人拦网下防守阵形及变化。

（2）徒手跑位，明确位置分工。

（3）对方 2、4 号位扣球，本方单人拦网下的防守布阵。

（4）对方 3 号位扣球，本方单人拦网下的防守布阵。

（5）前排拦起后组织反攻。

（6）后排防起后组织反攻。

（7）拦防与防反的串连衔接练习。

（8）在教学比赛中实际运用。

3. 单人拦网下防守的教学训练方法

（1）扣拦练习分两边进行，拦网队员拦着谁的扣球就换谁来拦网。

（2）扣球后拦网，双方轮流进行。此练习同样可在 2 号位。

（3）3 号位扣拦练习，可以和扣快球与拦快球结合进行。

（4）单人两边移动拦网，对方 2、4 号位轮流扣，当二传手出手时，才允许拦网人移动过去拦。

（5）单人拦网，两人或三人防守，要求拦防相互配合。

（6）单人拦网，五人防守。

（三）双人拦网下防守的教学与训练

1. 双人拦网下防守的教学训练要求

（1）运用双人拦网是为了加强第一道防线，中间队员要随时协助 2、4 号位队员组成双人拦网，因此，抓好 3 号位队员的移动拦网能力很有必要。

（2）无论"心跟进"或"边跟进"，都要求跟进队员善于接吊球和传调整球。一般来说，二传队员打跟进位置较为有利。

（3）双人拦网下防守训练是高水平队训练的重点内容，技术难度大，应该结合本队特点，抓住重点进行训练。一般来说，拦防协同配合和战术间的串连是带有共同性的教学训练重点。

2. 双人拦网下防守的教学步骤

（1）用黑板或沙盘讲解双人拦网下防守的基本阵形及其变化。

（2）徒手站位，体会各位置的防守任务和职责范围。

（3）网前的扣拦对抗练习，主要解决双人拦网的集体配合问题。

（4）结合对方不同位置的轻扣球，熟悉双人拦网下防守的活动范围及各人的作用。

（5）成队对抗或教学比赛中的实际运用。

3. 双人拦网下防守的教学训练方法

（1）徒手双人拦网配合练习：3号位两人起跳拦网，然后分别向2、4号位移动，与已站在网前的2、4号位队员组成双人拦网，原来在3号位的队员分别留在网前的2、4号位。

（2）扣拦对抗练习：一人扣，对方双人拦网，扣完球换拦网，换位时扣球手换到外边，原来站在外侧拦网者换到里边，而原来的里侧拦网者去扣球。

（3）三人拦三点攻：教师抛球给二传队员，二传队员任意传三个位置的一般高球，对方根据判断组成双人拦网。拦到3～5个球后换一组拦。

（4）高台扣球或吊球防守练习：在对方场地，根据条件或需要可设1～3个高台，从高台上扣或吊，本方双人拦网下组成"边跟进"或"心跟进"防守。

（5）对方在2、3号位进攻，本方双人拦网、三人防守并组成反攻，可由防守队员反攻扣球，也可以另设专人4号位反攻扣球。

（6）三点攻，六人连续防守：教师任意抛球给前排三个队员扣，队员也可以不扣，再传给另一人扣，对方六人力争组成双人拦网下的防守阵形。

（四）反攻战术的教学与训练

接对方扣球、拦回球和传垫球后组织有效的反攻，是争取得分或发球权的重要手段，也是一个队实力的表现。在反攻战术的教学与训练中，必须重视拦起和防起对方来球后组织反攻的教学与训练。

对拦起和防起的球可以采用"中一二""边一二""插上"进攻阵形及各种打法实施进攻，因此教师要根据学员的具体情况，特别是技术水平、战术水平、心理状态、战术意识、本队使用的战术阵形和进攻打法，组织反攻战术的教学与训练。

第七节　软式排球接拦回球进攻

如今的软式排球比赛中，网上争夺异常激烈，拦网的作用大大地加强了，扣球被直接拦死和拦回的比例也逐渐增多。接拦回球，也就是扣球保护的能力强弱对比赛的影响也越来越大。

一、接拦回球的基本要求

（1）首先从思想上树立"一人扣球，全队保护"的意识。只要本队有人扣球，其他队员就应积极地准备去接拦回球。

（2）拦回球大多落在前区，速度快、路线短、距网近、突然性大。所以，队员除应具备敏捷的反应能力外，还必须掌握多种多样的传、垫、挡、踢等防守技术。

（3）组成接拦回球阵形的基本原则是，离扣球队员最近的后排队员再加上其他队员，组成一个跟进防守的集体。

（4）接拦回球时，起球的弧度一定要高，以便有时间组成有力的再进攻。

二、接拦回球的阵形及其变化

接拦回球的阵形应根据本方的进攻战术、彼我双方情况及参加防守队员的人数来确定。接拦回球时通常分为五人、四人、三人等阵形。这里重点学习六人制比赛中五人接拦回球阵形及其变化。本方强攻时，二传弧度高，进攻点明确，除扣球队员外，全体队员均应参加防拦回球，并根据对方拦网及本方扣球情况，灵活采用不同的阵形。

1. "三二" 阵形

以 4 号位进攻为例，5 号位和 6 号位队员向左前方移动，形成第一道防线。2 号位队员后撤，1 号位队员向左侧移动，布防第二线。这种阵形较普遍地被采用，一般在对方拦网有高度、来球落点大多在近网时采用（图 3-7-1）。

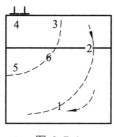

图 3-7-1

2. "二二一" 阵形

将防区分成三层。3 号位和 5 号位队员防网前，6 号位和 2 号位队员在第二层布防，1 号位队员防后区。这种阵形适合在对方拦网落点较分散时采用。2 号位进攻时，接拦回球的阵形与 4 号位进攻时相同，是对称的。3 号位进攻时，阵形可根据不同扣球方向做相应的调整（图 3-7-2）。

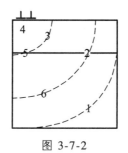

图 3-7-2

三、接拦回球进攻

接拦回球进攻可以分为三种情况。第一种是无法控制的，只有争取垫高后打调整进攻；第二种是可以控制的，这时要有意识地垫给二传队员来组织进攻，或直接垫给扣球手进行两次攻；第三种是对方拦回的高球，可以组织各种插上快攻战术和两次攻战术。

思考题

1. 软式排球战术可分几类？其含义分别是什么？
2. 你能简单介绍几个集体战术吗？
3. 简要分析场上队员的位置排列和轮转方法。
4. 个人战术有哪些？
5. 接发球的基本要求有哪些？
6. 简要介绍"中一二"和"边一二"的进攻阵形。
7. 简要介绍"W"形接发球站位。
8. 双人拦网应注意哪些问题？
9. 简要分析"边跟进"防守和"心跟进"防守阵形。
10. 接拦回球的基本要求。

第四章　软式排球运动员的身体素质训练

 身体训练概述

 身体素质训练方法

 提高身体素质的软式排球游戏

第一节　身体训练概述

一、身体训练的概念

身体训练是指运用各种身体练习的方法与手段，全面提高与改善运动员的素质、形态、机能和健康水平的训练过程。对于软式排球运动员来说，身体训练是指软式排球技术战术训练以外的身体练习，旨在提高软式排球运动员的身体素质、运动机能和健康水平，促进身体形态的发展。

身体训练从结合专项训练特点来讲，可分为一般身体训练和专项身体训练。一般身体训练是指在运动训练中，运用多种多样的身体练习手段，进行旨在增进运动员的身体健康、改善身体形态、提高各器官系统的机能水平、全面发展各项身体素质、为专项训练打下基础的训练。专项身体训练是指在运动训练中，采用与专项紧密联系的专门性身体练习手段、进行旨在提高与专项技术有直接关系的专项身体素质、以保证运动员在比赛中有效地运用技术战术，创造优异运动成绩的训练。

二、身体训练的意义

参加软式排球运动，实质是一个身体活动的过程，其活动的每一个动作及其过程都表现出被称之为身体素质的各种能力，通常包括力量、速度、耐力、灵敏和柔韧等。软式排球运动员的身体素质与技战术的发展程度是息息相关的，身体素质是掌握排球运动技术的基础，良好的身体素质是不断提高排球技战术水平的保证；软式排球技战术的发展又对运动员的身体素质提出更高的要求。软式排球比赛对抗程度日趋激烈，排球技战术向"高、快、变"发展，要达到"高、快、变"，运动员的身体素质是前提条件，没有良好的身体素质，就不可能占据空中优势，不可能快速变换动作。因此，排球运动员必须进行技战术训练以外的身体练习，发展各项身体素质，从而适应技术发展的需要。身体训练是一个相对枯燥和艰苦的练习过程，这个练习过程能培养运动员顽强的意志和勇敢的作风，为在技术训练和比赛中保持稳定良好的心理状态打下基础。长期不间断地进行身体训练对提高排球运动员的运动能力、延长运动寿命、防止和减少运动创伤是很有必要的。因此，有计划、有目的、科学地进行身体训练是软式排球运动员训练必不可少的组成部分。根据少年儿童的生理心理特点，不失时机地对少年儿童软式排球运动员进行合理的身体训练，发展其一般身体素质和专项身体素质，对提高排球运动水平有着重要的意义。

三、身体训练的任务

身体训练的任务是提高各项运动素质，改善中枢神经系统及内脏器官的机能，使运动员的机体和心理能承受大负荷的训练和高强度的比赛，提高排球运动能力，延长运动寿命，防止和减少运动创伤，更迅速、更有效地提高排球技战术，提高运动成绩。

四、身体素质训练的内容

软式排球运动员一般身体训练的内容包括速度、力量、耐力、柔韧及灵敏等身体素质的训练。专项身体训练的主要内容通常包括弹跳力、反应移动、挥臂速度、场上灵活性、比赛耐力及柔韧等专项素质的训练。软式排球运动是一项全身活动，软式排球运动员必须具备一般运动员通常所具备的全面身体素质。根据软式排球运动项目的特点，软式排球运动员不论做进攻技术动作还是做防守技术动作，都必须在很短的时间内完成，这就要求运动员反应快、动作快；网上争夺是排球比赛胜负的关键点，要获得制空权，运动员的弹跳能力是前提条件；排球比赛时，场上 6 个人的位置是轮转的，运动员要在不同的位置上应付空中和地面上的变化，以准确合理的动作迎击不同的来球，这就要求运动员必须有高度的灵活性；为增大动作的幅度和避免受伤，软式排球运动员需要良好的柔韧素质；由于软式排球比赛计分方法的特点，一场比赛可进行两个小时甚至更长时间，运动员的耐久力体现在长时间的移动和跳跃上，所以软式排球运动员的身体训练有自己独特的内容。一般身体训练与专项身体训练之间存在着密切的联系。虽然它们有不同的内容和目的任务，但又相互依存、相互促进。一般身体训练是专项身体训练水平提高的基础，专项身体训练在一定程度上又能促进一般身体素质的提高。一般来说，一般身体训练和专项身体训练的内容和方法是有区别的，不能互相取代，忽视了其中一方面的训练都有可能使软式排球运动员的全面发展受到限制。但从某些方面来说，一般身体训练和专项身体训练又有其共性，有些练习内容和方法没有明显的界线。因此，只有根据运动的特点以及一般身体训练和专项身体训练两者之间的关系，合理地选择身体训练的内容与方法，科学地安排身体训练的比重，才能使软式排球运动员的身体训练更具效果。

第二节　身体素质训练方法

一、速度素质练习方法

速度素质是指人体快速运动的能力。软式排球运动员的速度素质包括反应速度、动作速度和移动速度。反应速度是指人对外界刺激的快速反应能力，如对球做出动作反应。动作速度是指人体快速完成某一动作的能力，如挥臂速度、起跳速度等。动作速度与力量、灵敏及耐力等素质有密切的联系，尤其是爆发力，它是影响动作速度发展的主要因素。移动速度是指在周期运动中人体在单位时间内快速位移的能力。排球场上的移动绝大多数是短距离的移动，而且是从动中改变方向的移动和跳起落地后的移动，所以软式排球运动的移动速度应着重于反应速度和动作速度。

1.反应速度练习方法

（1）原地小步跑、后踢脚或高抬腿跑，看手势（听声音）快速起跑。

（2）行进间小步跑、后踢腿跑或高抬腿跑，看手势（听声音）突然加速跑。

（3）行进间后退跑，看手势（听声音）突然转体向前加速跑。

（4）网前看手势，连续快速做不同位置移动起跳徒手拦网。

（5）行进间看手势（听声音）做多次往返折回跑。

（6）看手势连续做前后左右快速变向移动。

2．动作速度练习方法

（1）原地徒手挥臂击打高点树叶或扣吊球。

（2）手持轻杠铃片连续快速做扣球挥臂动作。

（3）网前助跑跳起以扣球动作扔全球、网球等。

（4）双脚连续跳台阶。

（5）连续快速向前助跑起跳。

（6）跳绳：双飞跳绳、摸地跳大绳。

（7）网前连续一步或两步移动快速起跳徒手拦网。

（8）摸地后起身垫球、坐地后起身垫球、躺下后快速起身垫球。

3．移动速度练习方法

（1）快速冲刺 30 m、60 m 或 100 m。

（2）斜坡向上或向下冲刺跑。

（3）原地快速高抬腿。

（4）三角移动、米字移动或网下 6 m 移动。

（5）滚球低姿跑。一人一球，采用低姿滚带球从排球场的一端线快速跑至另一端线。

（6）折返移动救球练习。

二、力量素质练习方法

力量素质是指人体或某部分肌肉在运动时克服阻力的能力。力量是人体活动的基本因素，软式排球运动员的力量素质是发展爆发力、速度、耐力以及各项技能的基础。运动训练实践中，力量素质可分为最大力量、速度力量和力量耐力。从身体部位上可分为上肢力量、腰肢力量和下肢力量，根据软式排球运动的特点，速度力量和力量耐力是排球运动的主要力量素质。速度力量是指人体快速克服阻力的能力，它是力量与速度有机结合的一种特殊力量素质。速度力量又被称为爆发力，爆发力是排球运动最重要的专项素质之一，软式排球运动的技术动作大多数都需要爆发力来完成。如：各种移动、起跳需要腿部爆发力；发球、扣球动作需要上肢和腰背的爆发力。影响爆发力的因素有肌肉的力量和收缩速度，增强力量和提高速度都能增加爆发力。软式排球运动员的力量耐力是在两三个小时的比赛中连续移动、跳跃、挥臂击球时人体反复克服阻力的能力。软式排球运动员的力量素质应发展上肢、下肢和腰腹力量，重点是腿部力量和腰腹力量。

1. 上肢力量练习方法

（1）手持哑铃或轻杠铃片做腕屈伸，腕绕环，手上举、侧举、前平举或侧平举。

（2）手持哑铃或杠铃片做仰卧扩胸或俯卧扩胸。

（3）站立或坐姿持杠铃做前推举、头后推举、肩后臂屈伸。

（4）体前屈提铃到胸前或做划船动作。

（5）单杠正反握引体向上。

（6）双杠支撑上推。

（8）俯卧撑或手指俯卧撑。

2. 腰腹力量练习方法

（1）肩负杠铃或手提杠铃做上体屈伸、左右转体、体侧屈。

（2）"元宝"收腹或仰卧起坐。

（3）垫上仰卧起坐或俯卧体后屈，一人扶脚。

（4）斜板上仰卧、两手交叉于胸前，连续快速做仰卧起坐。

（5）单杠或肋木上举腿。

（6）坐地双脚夹实心球，做举腿或绕环。

（7）双脚夹实心球跳起，将球向前上抛或背后上方抛。

3. 下肢力量练习方法

（1）负重连续快速提踵静力练习（即提踵持续一定时间）。

（2）负轻杠铃半蹲跳、全蹲跳、弓步前进或左右脚交替上台阶。

（3）负大重量杠铃稍蹲起、半蹲起或全蹲起。

（4）坐姿或仰卧在训练器上双脚蹬杠铃。

（5）双手提哑铃做深蹲跳起。

三、耐力素质练习方法

耐力素质是指人体长时间工作抗疲劳的能力。软式排球比赛是一项不受时间限制、有适当间隔性的短距离不断移动、不断跳跃的运动。其耐力素质的特征体现在有氧耐力和无氧耐力两者的结合上。软式排球运动员的耐力素质包括一般耐力和专项耐力。一般耐力是指有机体在氧气供应比较充足的情况下，坚持长时间工作的能力。这种长时间的工作主要靠有氧代谢供能，故又称之为有氧耐力。一般耐力练习主要发展心血管系统和呼吸系统的有氧工作能力，以及神经系统的机能调节能力。它的发展可为专项耐力的训练打下基础。专项耐力是指人体克服专项运动负荷所产生的抗疲劳能力。软式排球专项耐力主要表现为无氧耐力、有氧耐力和弹跳耐力。

1. 一般耐力练习方法

（1）1 500 m 变速跑。直道时全速跑，弯道时慢跑。

（2）长距离定时跑，3 000 m、5 000 m 或越野跑。

（3）追逐变速跑。每列纵队 10 人左右，每两人距间隔约 3 m，在田径场慢跑或中速跑。最后面的队员向前冲刺跑至队伍前面变慢跑，依次进行。跑的距离为 1 500～3 000 m。

2. 专项耐力练习方法

以下练习都是重复多组，并严格控制间歇时间。

（1）原地连续多次直膝跳、蹲腿跳。

（2）双脚连续跳阶梯，一次多级。

（3）连续移动跳起摸高。练习队员多次往返移动跳起空中摸一个固定高点。

（4）连续双脚跳 8～10 个栏架。

（5）多次负重头后举，负重不宜过大，每组约 20 次。

四、灵敏素质练习方法

灵敏素质是指在各种突然变换的条件下运动员迅速、准确、协调地改变身体运动的能力。在软式排球运动中，无论是地面动作还是有球技术动作，几乎都是上下肢躯干参与的，都需要高度的灵敏素质。灵敏素质包括协调性、灵活性和准确性三大基本能力。也就是说，运动员在做动作过程中，身体各部分能正确处理好时间、空间、用力、节奏等方面的关系，合理有效地完成动作或快速转换动作。灵敏素质是一种综合素质，是速度、力量及柔韧等素质的综合反映。软式排球运动员的灵敏素质可分为一般灵敏素质和专项灵敏素质。一般灵敏素质是指与专项有一定联系的基础灵敏能力，专项灵敏素质是指专项所需要的一些特殊灵敏能力。软式排球运动员专项灵敏素质主要体现在各种变向起动移动，各种倒地起立以及空中动作的变化和平衡。软式排球运动员的灵敏素质训练应特别注意作为上下肢纽带的腰部的专门练习。

1. 一般灵敏练习方法

（1）小腿后踢或外踢跑。双手平放在臀部位置，小腿后踢或外踢时使脚跟碰手掌。

（2）原地拍脚跳。体前右手拍左脚—左手拍右脚—体后右手拍左脚—左手拍右脚，由慢到快，依次进行。

（3）原地起跳最大幅度旋转身体后站立。

（4）各种跳绳。单脚跳、双脚跳、双脚交替跳、跳双飞、后跳绳、跑动跳。

（5）各种垫上运动。前滚翻、后滚翻、侧手翻、头手倒立、手倒立、前手翻等。

2. 专项灵敏练习方法

（1）长距离折返跑或短距离折返摸线移动。

（2）多次交替的后退跑和转身跑。

（3）连续左右侧滚翻或鱼跃。

（4）自抛球，转体360°后接球。

（5）空中拍移动球。同伴持球上举站在对方网前高台上，不断左右摆动手中的球。练习者原地起跳拍打移动中的球。

（6）跳起徒手拦网，落地后听指令转身做滚翻或鱼跃。要求动作连贯。

（7）徒手跳起扣球，落地后转身接教练员抛出的不同方向的球。

五、柔韧素质练习方法

柔韧素质是指人的各个关节的活动幅度、肌肉和韧带的伸展能力。柔韧素质虽然没有力量、速度等素质那样对排球运动有着明显的影响，但却是软式排球运动不可缺少的一项素质。柔韧素质可以促进排球技术的提高，尤其是高难度的技术动作；可以避免和减少运动创伤；可以促进灵敏、速度等素质的发展。根据专项的特点，软式排球运动员的柔韧素质主要体现在肩能拉开、胯有开度、腰屈伸展。因此排球柔韧素质的训练应着重发展肩、腰、髋三个关节及周围肌肉韧带的活动能力。

1. 柔韧素质练习方法

（1）手扶固定物或其他高度适当的物体做压肩动作。
（2）低杠或高台压腿、直膝压腿。
（3）双人下压肩或双人转体拉肩。
（4）两人一组，辅助压腿。

2. 专项柔韧素质练习方法

（1）各种肩绕环。徒手或手持哑铃做双臂向前向后绕环。
（2）低姿垫球徒手动作练习。
（3）低姿移动摸线素质练习。

六、弹跳力素质练习方法

弹跳力是指人体蹬地后使身体跃离地面的能力。它是软式排球运动最重要的专项身体素质之一。弹跳力量是一项综合素质，从理论上可以用爆发力来解释。爆发力由速度与力量两部分组成，也就是说，当速度不变时，增加肌肉力量可以提高弹跳力；当力量不变时，提高肌肉收缩的速度同样可以增强弹跳力。

软式排球运动员所需要的弹跳力主要表现在跳得高、跳得快、滞空时间长等方面。从起跳动作过程分析，其动作主要包括足部的屈伸、膝部的屈伸、腰髋的屈伸和摆臂（单脚起跳还有摆腿）。因此提高排球运动员弹跳能力的任务在于增强上述几部分肌肉的力量和肌肉的收缩速度，重点应发展下肢的爆发力。

1. 弹跳力练习方法

（1）各种腰腹力量练习。

（2）单足跳：原地单足跳、沙地单足跳、单足跳跃前进、单足收腹跳、单足跳阶梯等。每只脚连续跳数次，换脚跳。

（3）连续向前蛙跳。

（4）利用高台或跳箱双脚交换连续跳上跳下。注意上跳时双手的摆臂配合。

（5）原地或沙地双脚连续半蹲跳、全蹲跳。

（6）原地或前进连续并足收腹跳。

（7）立定三级跳、五级跳。

2. 专项弹跳力练习方法

（1）各种杠铃负重蹲、跳的下肢力量练习。

（2）并足跳越障碍前进。可连续跳越 3 ~ 5 个障碍物。

（3）连续跳上栏架、跳箱或高台。注意选择的高度要适宜。

（4）双人原地隔网跳起网上空中击掌或移动起跳网上空中击掌。

第三节　提高身体素质的软式排球游戏

身体素质是掌握软式排球的基础，良好的身体素质是不断提高技战术的重要保障，而发展与提高参与者的身体素质又必须通过有计划、有目的、科学的身体训练才能实现。因此身体训练的好坏是掌握和提高技战术水平的关键。

软式排球运动员身体素质包括弹跳力、速度、力量、耐力、协调、灵敏和柔韧素质。在身体素质训练中，将身体素质练习与游戏相结合，可提高运动者的兴趣，减少体能锻炼的压力，在娱乐与游戏中提高身体素质。

一、发展弹跳力素质的软式排球游戏

（一）袋鼠接力

方法：将学员分成人数相等的两队，每队前摆放 5 至 10 个成一列的软式排球，球与球间距 50 cm。发令后第一名学员双脚从球上——连续跳过，完成后迅速跑回起点和第二名学员击掌接力，第二名学员开始。如此反复，先完成的队获胜。

规则：① 必须用双脚从球上跳过。② 前面学员未完成，后面学员不许开始。

（二）摘桃

方法：两人一组，将学员分成若干组，一人持球站于前面。游戏开始后，持球学员迅速将球向上方抛起，另一学员判断好后从掷球学员身后跑到身前，再迅速跳起将球摘下，规定时间内摘的多的获胜。

规则：① 要跳在空中，高点将球摘下，利用双脚起跳。② 摘球者要从抛球者身后起动。

（三）夹跳接力

方法：将学员分成人数相等的两队，每队前方摆放一个软式排球，开始后，第一名学员两腿间夹一个排球，从场地的一条边线出发到另一条边线，利用蛙跳前进，到大厅另一边线后再夹跳返回。并把球交与下一学员进行接力。先完成的队获胜。

规则：① 必须向前跳行，所夹球掉一次则向后退两步再继续。② 接力过程中不得用手辅助。

（四）连续摸高

方法：吊一个球，离地 2.5 m。学员单人完成原地连续摸球 20 次，两手轮流触摸球，即每起跳一次换一次手触摸球。根据比赛情况逐渐提高球的离地高度。

规则：① 不可加助跑，应原地连续起跳。② 提醒注意利用小幅度摆臂起跳动作。③ 两手轮流触摸球，每起跳一次换一次手触摸球。

二、发展速度素质的软式排球游戏

（一）抱球接力

方法：将学员分成若干组，每组三或四个球，在每组前方 10 ～ 15 m 的地方立一根标杆。开始后学员抱球快速跑向标杆并绕过标杆返回将球交给下一名学员。先完成者获胜。

规则：① 不许掉球，掉球后须自己将球捡起并回到掉球的位置重新开始。② 前面学员未完成，后面学员不许开始。

（二）接西瓜

方法：教师站于距端线 4 m 左右的场地中央，学员站在端线后呈一列纵队。教师将球一个接一个地抛向对面场地，学员则一个接一个地迅速起动，跑向对面场地，从网下钻过并把球接住。

规则：① 球不许落地。② 手不许触网。

（三）抢球游戏

方法：两人一组，分别坐在离球 5 m 处，背对球，听到口令后迅速转身抢球，先抢到球者获胜。

规则：听到口令后才能起身抢球。

三、发展力量素质的软式排球游戏

（一）俯卧撑"8"字绕球

方法：学员成俯卧撑姿势，把球放在两只手中间，听到信号后，一只手支撑身体，另一只手拨球绕支撑手一周，然后两手交换，形成"8"字，规定时间内完成多者获胜。

规则：① 俯卧撑姿势要标准。② 球不许离开地面。

（二）海豹运"食"

方法：将学员分成两队，每队两组，相对而立，排头前方放一球。听到信号后，排头立即俯卧，腰膝放松伸直，直臂支撑，头拱球向前爬行。球拱至对面指定位置后交换，先完成者为胜。

规则：① 拱球可屈臂，爬行时必须直臂。② 球未过线，第二组学员不许开始。

（三）运西瓜

方法：三人一组，将学员分为若干组，每组 5 个球，一人仰卧于地上，脚和头部方向各站一人，开始后，位于脚部方向的学员将球放在仰卧学员的两脚之间，仰卧学员通过收腹举腿将球交给第三名学员，每次限运一球，完成后迅速换人。三人均完成且用时最短的队获胜。

规则：① 收腹举腿时腿要伸直。② 第三名学员接球时不许超越仰卧者肩部。

（四）捡球

方法：将学员分成两队，每队三个大竹筐，多准备一些球随便散落在场地上。听到开始信号后，两队队员开始捡球，必须用双脚夹住球通过蹦跳运送，并用双脚夹球跳起将球放入竹筐。规定时间内捡的多者获胜。

规则：① 不许用脚踢，只能用双脚夹。② 不许移动竹筐。

（五）小矮人拣菇

方法：将学员分成三人一组，每组一个竹筐，多准备一些球散落在场地上。听到开始信号后，队员必须蹲在地上，三人同时用一只手抓住竹筐，通过蹲跳移动来捡球，规定时间内捡的多者获胜。

规则：① 移动时不许站起，只能深蹲蹦跳移动。② 抓筐的手不许离开竹筐。

四、发展耐力素质的软式排球游戏

（一）跳跃接力

方法：将学员分成两队，每队两组，相对站立，中间摆 8～10 个栏架，排头学员持一排球，听到开始信号后，排头学员迅速连续收腹跳过栏架，至对面将球交与下一学员，如此反复。先完成的队获胜。

规则：① 不许跨越栏架，必须用双脚跳。② 球交到下一学员的手里后才可重新开始。

（二）猴子摘月

方法：将学员分成两组，每组前方 10 m 处挂一吊球。听到开始信号后，排头立即利用左脚单脚跳至吊球下，再用双脚连续起跳摸吊球 10 次，返回用右脚单脚跳回，和第二名学员击掌后第二名学员出发。先完成者获胜。

规则：① 单脚跳先左或先右均可，但往返必须交换。② 摸吊球必须用双脚跳。

（三）拦网比赛

方法：将学员分成两队，分别站在场地两端。听到信号后，排头学员迅速移动至 4 号位拦网一次，下落后触摸限制线，再在 3 号位和 4 号位间拦网，下落后再触摸限制线，3 号位再次拦网一次，共拦 5 次网，触 4 次线，完成后迅速跑回本队，和第二名学员击掌后第二名学员开始。先完成的队获胜。

规则：① 拦网动作要规范、正确。② 移动摸线姿势要低、快。

（四）3 m 移动比赛

方法：画一个半径为 3 m 的圆，圆心放一个软式排球，圆周上放 5～6 个球，学员从圆心开始做 3 m 左右横向移动，要求按次序摸球，完成 30 或 40 次，用时少的获胜。

规则：① 保持低姿，不得站起。② 手必须触到球才可离开。

五、发展协调性素质的软式排球游戏

（一）自抛转身接反弹球

方法：两臂前平举持球与胸同高，松手，在球自由下落及反弹期间，练习者迅速转身 360 度，然后接球。在规定时间里计成功接球次数，次数多者获胜。

规则：球只能落地一次。

（二）向后向前抛接球

方法：双手向头上抛球，然后用双手在背后将球接住，再把球由背后向头上抛出，再将球接住为一个回合。在规定时间里，完成回合多者获胜。

规则：① 必须前抛后接，后抛前接。② 球落地不计数。

（三）"8"字绕球

方法：每人一球，两腿分开站立。听到信号后，做正、反腰绕球，大腿绕"8"字，小腿绕"8"字，地滚球绕脚"8"字后，立即用双手将球举过头顶，此时停表，速度快者获胜。

规则：按顺序绕，否则重做。

（四）绕标杆自垫球（自传球）接力赛

方法：将学员分成人数相等的两队，每队前隔 3 m 放一根标杆，共放 6 根。听到信号后，排头做自垫球移动前进，并要绕过每根标杆，通过最后一个标杆后抱球跑回本队，把球交给下一个学员，依次进行。速度快的队获胜。

规则：① 必须绕过每一个标杆。② 球落地要捡回球，在掉球的位置上继续。

六、发展灵活性素质的软式排球游戏

（一）跳跃"扫堂球"

方法：用绳绑一球，教师拿住绳头，按顺时针方向转动，学员围成一圈，相隔 1~2 m，当球到身下时，学员必须完成跳跃、俯卧两个动作。被球触到者受罚。

规则：学员必须按顺序完成两个动作。

（二）灵敏跑比赛

方法：将学员分成人数相等的两队，队员前后相隔 2 m 成纵队站立，每人一球，并将球用垫球的部位托起。听到开始的信号后，最后一名队员托球依次从前面每名队员中间曲线穿梭跑过，跑过倒数第二名队员后，倒数第二名队员也跟着向前跑，依次类推，跑到排头后立刻托球站立不动，等待下一队员到来，第一名队员回到排头后比赛结束。先结束比赛的队获胜。

规则：队员在跑动时不得碰站立队员，球落地要立即捡回，并回到掉球位置开始。

（三）打球圈

方法：将学员分成两队，一队围成直径 5 m 的圆圈，另一队站在圆圈中央。游戏开始后外围队员用两个球击打圈中央的另一队队员，击中一个出圈一个，并做 5 个俯卧撑，直至全部击中后两队交换。

规则：圈中队员只能采用躲、闪、跳等动作，在被击中前不得出圈。

（四）障碍接力

方法：将学员分成两队，每队分成两组，距 40 m 相对站立。中间距起点 10 m 处放一栏架，20 m 处放 3 块垫子，垫子前放一个软式排球。开始后，排头队员首先要跑向栏架，从栏架下钻过，然后跑到垫子处连做 3 个鱼跃前滚翻，完成后立刻拿起软式排球夹在两腿之间，蛙跳前进。到达对面后立即把球交给对面排头队员。对面一组动作顺序相反，先夹球蛙跳，再鱼跃前滚翻，最后钻栏架，跑回起点后要和对面队员击掌，第二名队员开始。先完成的队胜。

规则：①鱼跃前滚翻动作要规范。②夹球蛙跳球落地立即捡回，回到掉球位置开始。

（五）快接高抛球

方法：在场地上画若干个直径 3 m 的大圆圈，每个大圆圈中间画一个直径 1 m 的小圆圈。将学员分成 7 人一组，各组在圈外站好，然后从 1 至 7 报数，每人所报的数就作为自己的代号。各组选出一名队员，持球站在小圈内。游戏开始后，持球者用力将球向上抛出，同时高喊一个数，如"3 号"，3 号队员听见后，迅速跑向圈内接球，抛球者则向圈外跑。如 3 号队员未接住球，则做俯卧撑 5 个，并在小圈内重新抛球；如 3 号队员在球落地前接住了球，应立即用球去触及抛球者，触中抛球者，则抛球者做俯卧撑 5 个，3 号学员在小圆圈内抛球，原抛球者站在圈外，游戏继续进行。

规则：抛球者必须站在圆心垂直向上抛球，高度要高于头部 1 m 以上。抛球、喊号要同时进行。被喊号者接住球未触及抛球者，则由被喊号者抛球继续进行游戏。

七、发展柔韧素质的软式排球游戏

（一）球钻桥洞

方法：将学员分成 10 人一组，排头和排尾的学员相对站立，排头学员持球，其他学员一个挨一个在中间做体操"桥"的动作。听到开始信号后，排头学员将球迅速从中间学员的身下向排尾滚过去，然后紧靠第二个学员做"桥"，排尾学员拿到球后立刻跑到排头，将球向后滚，然后做"桥"，依次类推，最先完成的队获胜。

规则：做"桥"时动作要规范，"桥"不得"倒塌"。

（二）腰部练习

方法：学员分腿而坐，腿伸直，双手持球于头上，手臂伸直，听教师口令做向左、向右侧屈和向前屈腰。看谁完成的动作标准、漂亮。

规则：左右侧屈时球要碰脚，向前时球要触地。

（三）运球比赛

方法：学员两人一组，相距 1 m 前后跪坐。前面学员前方放 5 个软式排球，听到开始信号后，前面学员拿球通过背屈把球递给后面学员，后面学员将球放在自己后方。完成后两人立刻转身，后面学员做背屈将球递回去，球回原位后比赛结束。先完成者获胜。

规则：运球时不得抛、扔，只能递。

（四）腹传球

方法：两人一组，一人背对肋木坐下，两手从头上握住助木。另一人站在前方，手持球。游戏开始后，持球者将球抛向对方腹部，坐立者两脚不动，立刻把腰向前挺起，用腹部迎击球，完成后重新坐下，等待下一个来球。看谁在规定时间内完成得又快又好。

规则：击球者腰必须挺起，抛球者注意轻抛。

（五）看谁快

方法：学员面对肋木站立，按顺序报数，所报的数就是本人的代号。开始后，学员全体双手握肋木做压肩运动，注意力集中听教师报号，如教师喊"5 号"，5 号学员迅速跑到指定地点做 5 次拦网动作，完成后迅速返回，接着听教师继续报号。如学员注意力不集中，反应迟钝，则做俯卧撑 10 个。教师也可一次点几个人同时进行。

规则：压肩要认真，跑动要快，完成动作要快。

教师在平时的教学和训练中，也可根据自己的场地和器材，独自创编一些适合本地本校的游戏，以提高课堂气氛，使学员更好地提高身体素质，更快地掌握软式排球技术。

思考题

1. 软式排球运动中提高身体素质的意义。

2. 软式排球运动员应具备哪些身体素质？

3. 结合自身情况谈谈你需要提高的身体素质，并为自己制订一份身体素质锻炼计划。

第五章　软式排球竞赛组织工作

软式排球竞赛的意义和种类

竞赛的组织

竞赛制度、编排与成绩计算方法

第一节　软式排球竞赛的意义和种类

一、软式排球竞赛的意义

组织软式排球竞赛是推动软式排球运动发展的有力措施之一，也是检查软式排球教学和训练的重要手段。由于软式排球运动是一种群众性的体育活动，所以它又是增进广大群众身心健康、推行"全民健身计划纲要"的重要形式之一。通过竞赛能够有效地吸引广大群众特别是青少年参加软式排球运动，活跃和丰富群众的文化生活，增强体质，激励和振奋革命精神，培养团结、互助、勇敢、坚毅等优良品质和集体主义精神，因此组织软式排球比赛也是进行精神文明建设的一项有意义的活动。通过软式排球竞赛进行国际交往不仅可以增进我国人民和世界各国人民的友谊，同时对促进我国软式排球技战术水平的提高也具有非常重要的作用。

多年来，我国的软式排球竞赛已经形成制度。每年都有全国性的软式排球竞赛计划。各省、市体育主管部门根据全国的竞赛计划安排本省、市的软式排球竞赛工作，有些软式排球竞赛开展好的学校、厂矿、企业、机关也制订了年度软式排球竞赛计划。软式排球运动已成为我国群众中比较普及的体育运动之一。在软式排球竞赛中，必须注意引导和做好思想工作，鼓励各队要在竞赛中赛出风格、赛出水平。要加强组织纪律性，反对各种不道德不文明的行为和作风。

二、软式排球竞赛的种类

由于竞赛的目的、任务和规模不同，因此竞赛的种类也是多种多样的，有联赛、锦标赛（杯赛）、邀请赛、表演赛、友谊赛、选拔赛、检查赛等。

（一）联赛

联赛是技术水平较高、运动成绩较好的运动队参加的比赛，目的是检查训练、交流经验、评定和调整各队的等级，如全国大学员软式排球甲级联赛、全国大学员软式排球乙级联赛。每年联赛后根据比赛的名次进行甲、乙级队的升降级调整，这是一种定期的比赛。

（二）锦标赛（杯赛）

锦标赛（杯赛）是由竞赛的主办国家、地区、系统、体育协会设定的，一般是定期举行。举办这一竞赛的目的是检阅不同范围、不同层次、不同对象软式排球队的技术水平。大力推进软式排球运动的开展和培养后备力量等。如全国大学员软式排球锦标赛、全国少年软式排球锦标赛等。

（三）邀请赛

邀请赛是由一个单位主办，邀请一些单位参加的一种友好交往性比赛，邀请对象由主办单位确定，邀请赛的目的是增进友谊、交流经验。

（四）表演赛

表演赛是由主办单位邀请技术水平较高的运动队进行示范性的比赛，一般多在节假日举行。其目的是宣传和普及软式排球运动，丰富业余生活。这种比赛不定名次、不设奖品。

（五）友谊赛

友谊赛是一种双边的比赛活动。如国际间的访问比赛、校际间的友谊赛。其目的是观摩比赛、交流经验、促进友谊。

（六）选拔赛

选拔赛是为了选拔参加某个重大比赛的代表队而举行的比赛。通过比赛，可选优胜队为代表队，也可选各队中的优秀运动员组成代表队。

（七）检查赛

检查赛是根据教学训练的需要，检查教学训练工作，以及球队在参加正式比赛前，为了了解准备工作而举行的比赛。这种比赛不设奖品。

第二节　竞赛的组织

一、竞赛的基本要求

（1）明确举办竞赛的目的及要求。

（2）竞赛工作要讲求实效，一般竞赛的时间不宜过长（主客场制除外），要因人、因时、因地制宜。

（3）应制订软式排球竞赛计划。尽可能与上一级体育组织的竞赛日程和计划相结合。

（4）将竞赛工作与教学训练结合起来，有利于教学训练工作的顺利进行，也有利于推动竞赛工作的开展。

（5）以地区、系统、学校等为单位举办小型多样的比赛时，可按年龄和性别进行分组，也可按技术水平进行分组。

二、竞赛的组织领导机构

（一）竞赛组织领导

组织软式排球比赛首先应建立组织领导机构，机构的规模应和竞赛的规模相适应，根据比赛规模大小而有所不同。通常全国性的竞赛组织机构形式如下图所示（图 5-2-1）。

组织委员会——正、副主任委员
- 1.秘书处：会务组、宣传组、保卫组、医务组
- 2.赛组：裁判组、竞赛组、调研组
- 3.仲裁委员会

图 5-2-1

基层单位或学校组织的一般性规模较小的比赛可根据具体情况简化组织机构，主要是保证比赛的顺利进行，其形式如下图所示（图 5-2-2）。

图 5-2-2

但采用主客场赛制时，则应成立两个层次的组织领导机构。因为主客场制是一个单位主办，由多个单位分别承办。

（二）秘书处

负责大会的行政工作，如：秘书、会议、联络、接待、食宿、借调人员等工作。

（三）竞赛处

负责大会的竞赛工作，如：编排、记录、成绩公布、管理场地器材设备，组织裁判长、领队、教练员联席会，组织裁判员学习和工作，以及统筹开幕式、闭幕式、颁奖仪式等工作。

（四）仲裁委员会

负责监督和保证竞赛规程和规则的正确执行。复审裁判在比赛期间执行规则和规程中发生的纠纷。

三、竞赛工作的程序

（一）竞赛前的准备工作

（1）成立与健全组织机构。根据每次比赛的规程，确定竞赛的规模，制订好工作计划，配备部门工作人员，明确其分工，并在组织委员会的领导下紧密配合，协调地进行工作。组织委员会要及时地对各部门的工作进行监督和检查。

（2）制定竞赛规程。竞赛规程是竞赛的组织者及参加者的法规性文件，是在竞赛前由举办单位根据竞赛的目的和任务而制定的，并且要提前发给各有关单位，以便各单位做好准备工作。

（3）做出经费预算，搞好生活管理。赛前应做出此次比赛的经费预算上报组委会和举办单位，对参加比赛的运动员和工作人员的住宿、伙食、交通、医疗、治安、保卫以及票务等工作做好安排，为比赛的顺利进行做好后勤保障。

（4）安排好工作日程。包括比赛、文娱、参观、休息、会议、座谈、经验交流等安排。

（5）编排比赛日程表，审查和印刷秩序册，在赛前及时发放到各有关单位和参赛队。

（6）准备和检查场地、器材及设备，同时安排好各参赛队的赛前适应性练习的场地及时间。

（7）审查参赛队及运动员的资格。

（8）组织裁判员学习规则，统一认识，进行裁判员分工和分组实习。

（9）开好各种会议，如组织委员会、领队、裁判长和教练员联席会等。

（10）确定调研人员，准备好调研人员的用品和仪器。

（二）竞赛期间的工作

（1）及时登记和公布当天的比赛成绩。

（2）对比赛的场地、设备和器材进行经常性检查和管理。

（3）遇有特殊情况，需要更改场地、日期和时间时，竞赛处应及时通知各领队、裁判员、教练员和队长。

（4）裁判组要及时总结和改进裁判工作，保证比赛的顺利进行。

（5）遇有在执行规则、规程时发生纠纷，仲裁委员会要及时处理，尽量避免影响比赛的正常进行。

（6）技术统计材料要求当天及时整理出来，登记在总表上。

（7）经常听取各参赛队的意见，定期召开领队、裁判长、教练员联席会，听取各方对竞赛组织工作、生活管理、交通及裁判工作的意见，及时进行改进。

（8）编写竞赛简报，搞好宣传报道，做好体育风尚奖励的评选工作。

（9）应采取积极措施预防疾病发生，经常深入赛场及时处理临场发生的伤害事故。

（10）注意做好住所及比赛场所的安全保卫工作。

（三）竞赛的结束工作

（1）核算比赛成绩，排出比赛名次。

（2）在组委会的领导下组织闭幕式和颁奖仪式。

（3）安排和办理各参赛队离会的有关事项。

（4）做好组委会工作总结和各部门工作总结，并向上级或主办单位做出全面汇报。

（5）清理场地，处理比赛的运动器材、用具，结算比赛经费，印发比赛成绩册。

四、竞赛规程

竞赛规程是进行比赛的规章性文件，是指导竞赛工作进行以及参赛报名的依据。因此竞赛规程必须提前制定，并发给有关单位，以便做好赛前的准备工作。竞赛规程要简明扼要、操作性强，一般可包括下列内容：

（一）名称

根据总的任务提出比赛的名称，如"联赛""锦标赛"等。

（二）目的和任务

根据此次竞赛总的要求而定，如检查、总结教学训练工作，提高软式排球技术水平，选拔软式排球代表队等。

（三）主办单位

如由市教育局和市体育主管部门联合举办等。

（四）比赛的组别

根据比赛的目的任务确定比赛的组别。如：男子组、女子组、少年组、成年组等。

（五）比赛的日期和地点

根据比赛所采用的制度、参赛的队数，定出预赛、决赛的日期，在决定日期和地点时，应考虑气候、住宿、交通工具、比赛场地设备等条件。

（六）竞赛办法和采用的规则

确定比赛的方法（如采用淘汰制、循环制等），提出确定名次的办法，以及积分相等时解决不同名次的方法，并明确规定所采用的规则。

（七）参赛办法

指出每队报名的限制人数及名额分配，报名手续和报名的日期、地点（单位），以及参赛单位的经费负担，工作人员的组织与人数规定等。

（八）奖励办法

规定对集体和个人的奖励办法，如对前三名优胜队和个人单项技术最佳队员给予奖励等。

（九）抽签的日期和地点

明确抽签的日期和地点，一般在报到后一两天内进行。

（十）规定有关注意事项

如对服装的颜色、套数，号码的规格、位置和携带物品等的规定。

第三节　竞赛制度、编排与成绩计算方法

组织软式排球竞赛时，应根据不同的竞赛目的、任务、竞赛时间的长短、参赛队的多少以及场地器材设备等情况来选定具体的竞赛制度。

竞赛制度一般有三种，即循环制、淘汰制和混合制。

一、循环制

循环制又分为单循环、双循环和分组循环三种。这里主要介绍单循环和分组循环两种竞赛制度。

（一）单循环

所有参赛队都要相互比赛一次，最后按照全部比赛过程中胜负场数和得分多少排列名次，一般在参赛队伍不多而竞赛时间较长时采用，其编排方法是：

1. 计算出比赛的轮次和场数

（1）比赛轮次的计算。

参加比赛的队伍为单数时，轮次即等于队数，如 5 个队参加比赛，比赛就要进行 5 轮。参加比赛的队为双数时，轮次等于队数减 1，如 12 个队参加比赛，比赛的轮次为 12-1=11 轮。

（2）比赛场数的计算。

比赛场数可按下列公式进行计算：

队数（队数-1）/2=比赛场数

例如有 8 个队参加比赛，比赛的场数为：

8（8-1）/2=28 场

由此可算出 8 个队进行比赛须进行 7 轮 28 场比赛。

2. 编排竞赛的轮次表

（1）"贝格尔"编排法。

国际排联所举办的世界软式排球锦标赛、世界杯赛、奥运会软式排球赛以及世界青年软式排球锦标赛经常采用"贝格尔"编排法编排比赛轮次表，这种编排对于不同参赛队数有不同的编排方法，现简要介绍如下：第一轮的编排方法与"固定轮转法"的第一轮次相同，第二轮以后的各轮次因参赛队数不同而不一样，如 4 个队参赛，第二轮将 4 号队由右上转到左上，而其余的 1、2、3 号队分别逆时针移动一个位置，第三轮 4 号队又由左上转回到右上，其余 1、2、3 号队再逆时针转一个位置（表 5-1）。如 6 个队参赛，6 号队在每轮次中左右摆动一次，其余各队分别逆时针移动两个位置（表5-2）。如8个队参赛，8号队在每轮中左右摆动一次，而其余各队在每轮次分别移动三个位置（表5-3）。10个队、12个队……依此类推。凡不是偶数的参赛队首先以"0"代表一个队，将参赛队补为偶数，然后再以此规律编排。

表 5-1　4 个队参赛的编排表

第一轮	第二轮	第三轮
1—4	4—3	2—4
2—3	1—2	3—1

表 5-2　6 个队参赛的编排

第一轮	第二轮	第三轮	第四轮	第五轮
1—6	6—4	2—6	6—5	3—6
2—5	5—3	3—1	1—4	4—2
3—4	1—2	4—5	2—3	5—1

表 5-3　8 个队参赛的编排

第一轮	第二轮	第三轮	第四轮	第五轮	第六轮	第七轮
1—8	8—5	2—8	8—6	3—8	8—7	4—8
2—7	6—4	3—1	7—5	4—2	1—6	5—3
3—6	7—3	4—7	1—4	5—1	2—5	6—2
4—5	1—2	5—6	2—3	6—7	3—4	7—1

（2）固定轮转法。

具体做法是：先用号数代表各参赛队，然后将参赛队数平均分为两半，前一半由 1 号开始由上而下写在左边，后一半的号数回自下而上写在右边。然后用一条横线把相对的号数连起来就是第一轮的比赛安排（图 5-3-1）。

```
左          1  ——  6
↓          2  ——  5        ↑
           3  ——  4        右
```

图 5-3-1

第二轮以后的竞赛轮次按以下方法安排，即左边第 1 号固定不动，其他几个号位要逆时针转一个位置，再用横线把相对的号分别连起来就成为每轮次的比赛表（表 5-4）。

表 5-4

第 一 轮	第 二 轮	第 三 轮	第 四 轮	第 五 轮
1—6	1—5	1—4	1—3	1—2
2—5	6—4	5—3	4—2	3—6
3—4	2—3	6—2	5—6	4—5

如果参赛队是奇数，可以用"0"代替一个队使参赛队变成偶数后再进行编排，凡与"0"号相连的队即为该轮轮空（表 5-5）。

表 5-5

第 一 轮	第 二 轮	第 三 轮	第 四 轮	第 五 轮
1—0	1—5	1—4	1—3	1—2
2—5	0—4	5—3	4—2	3—0
3—4	2—3	0—2	5—0	4—5

由表 5-5 中我们可以看出凡抽到 4 号的队，在第四轮和第五轮的比赛对手都是在前一轮轮空的队，这显然对抽到 4 号的队不利，为了解决这一矛盾，可将"0"号队放在左边最上面的位置作为固定不轮转的队，这样即可做到比较合理（表 5-6）。

表 5-6

第 一 轮	第 二 轮	第 三 轮	第 四 轮	第 五 轮
0—5	0—4	0—3	0—2	0—1
1—4	5—3	4—2	3—1	2—5
2—3	1—2	5—1	4—5	3—4

3. 抽签

排好轮次表后，备好签号，进行抽签，然后按抽签的号数填入轮次表中，如抽签结果为：

1 号：山东队；2 号：浙江队；3 号：辽宁队；4 号：广东队；5 号：湖南队；6 号：江苏队

将其填入图 5-3-1 的轮次表中，即得出表 5-7 的编排：

表 5-7

第一轮	第二轮	第三轮	第四轮	第五轮
山东—江苏	山东—湖南	山东—广东	山东—辽宁	山东—浙江
浙江—湖南	江苏—广东	湖南—辽宁	广东—浙江	辽宁—江苏
辽宁—广东	浙江—辽宁	江苏—浙江	湖南—江苏	广东—湖南

4. 编排竞赛日程表

按照抽签后排定的轮次表，列表安排好比赛日期和时间、比赛场地和比赛队伍。编排时应考虑到各队在正式场地与基层场地比赛的机会尽量相等，两队比赛之间的休息时间大体一样，白天和晚上比赛的次数尽量相等。比赛日程表需要经过反复核对，各种条件基本相同后再印发给各参赛队（表 5-8）。

表 5-8

日 期	时 间		比 赛 队	场 地
3月2日	下午	2:30	江苏—山东	××大学球类馆
		3:30	浙江—湖南	××大学球类馆
	晚	7:30	辽宁—广东	××市体育馆

（二）分组循环

分组循环就是将参赛队分成若干组，分别进行单循环的比赛。在小组名次排定后，再进行第二阶段的比赛。一般是在参赛队数较多而竞赛期限较短时采用。其编排方法如下：

1. 进行分组

根据参赛队数和竞赛场地的数量确定所分组数。分组的办法有以下两种：

（1）根据上届比赛各队所得名次，采用蛇形排列法进行分组。如16个队分为4组（表 5-9）。

表 5-9

第一组	第二组	第三组	第四组
1	2	3	4
8	7	6	5
9	10	11	12
16	15	14	13

（2）根据过去的成绩和现在发展的情况，经领队会议协商确定种子队，安排种子队要遵循以下原则：

① 种子队的个数一般等于所分组数。

② 种子队的队数也可以是组数的倍数，如 16 个队参赛分成 4 个组进行比赛，可确定 8 个种子队，并将其按下列方法编成小组（表 5-10）。

表 5-10

第一组	第二组	第三组	第四组
1	2	3	4
8	7	6	5
*	*	*	*
*	*	*	*

第一号种子与第八号种子编为一组。第二号种子与第七号种子编为一组，依此类推。被确定的种子队先用抽签的方法安排在各组内，以免较强的队集中在一个小组，然后其他各队再进行抽签确定各自所在的组。

2．编排第一阶段（预赛阶段）

各组比赛秩序按"贝格尔"法或固定轮转法编排各组比赛秩序。

3．决赛阶段（第二阶段）的比赛方法

（1）将预赛各小组同名次的队划为一组，继续采用单循环的方法进行比赛。由各小组第一名组成的组决定 1～4 名，各小组第二名组成的组决定 5～8 名，各小组第三名组成的组决定 9～12 名，各小组第四名组成的组决定 13～16 名。

（2）将预赛各组 1、2 名划为一组，决定 1~8 名；将预赛各组的 3、4 名划为一组，决定 9~16 名。该阶段两组仍采用单循环制的比赛方法。

（3）如果因竞赛时间限制，可将预赛中各组的前两名划为一组，用单循环的方法进行决赛决定 1~8 名，其他队不再继续比赛。也可规定凡在预赛中相遇的队，如在决赛中再相遇则不再比赛，按两队在预赛中的成绩计分决定成绩。

（三）循环制的成绩计算方法

1. 记分方法

记分方法在竞赛规程中应有明确规定，它是根据竞赛的目的及任务选用的。一般循环制记分方法是胜一场得 2 分，负一场得 1 分，弃权取消比赛资格。

2. 决定名次的方法

决定名次的方法在竞赛规程中也应有明确规定。

（1）根据规定的记分方法，将每场比赛的得分记录下来，全部比赛结束时按各队在比赛中积分多少决定名次，积分多者名次列前。

（2）如遇两队或两队以上积分相等时，则采用以下方法决定名次：

A（胜局总数）/B（负局总数）=C 值

C 值高者名次列前。如果 C 值仍相等时则采用。

X（总得分数）/Y（总失分数）=Z 值

Z 值高者名次列前。

C 值与 Z 值是以该队在此次全部比赛中的胜局总数与负局总数、总得分数与总失分数的比值计算的。

二、淘汰制

淘汰赛有单淘汰和双淘汰两种。单淘汰是在比赛中失败一次即被淘汰，双淘汰是在比赛中失败两次即被淘汰。凡在比赛中连续获胜的队才有继续参加以后比赛的权利，故这种比赛可以在较短的时间安排较多的比赛场次，因此适宜在参赛队较多、场地相对较少的条件下采用。目前采用淘汰制的比赛方法较少。

（一）单淘汰比赛的轮次、场数的计算方法

轮次计算方法：将比赛队数化成以 2 为底的幂的形式，其指数即为轮次数。如 8 个队参赛，8 可化为 2^3，其轮数是 3。如参赛队不是 2 的乘方数时则需凑足，达到 2 的乘方数。如 14 个队参赛，可以增加两个数按 16 个队计算，即轮数为 4。

比赛场数的计算方法：比赛场数是参赛队数减 1，如 8 个队参赛，比赛场数为 8-1=7 场。

（二）单淘汰赛比赛的编排方法

1. 轮空队数的计算

如果参赛队数为 2 的乘方数（4，8，16，32，…），则第一轮所有的队都可参加比赛，没有轮空队。如果参赛队不是 2 的乘方数。则必须在第一轮比赛中让一个或几个队轮空，使第二轮比赛为 2 的乘方数，因此在编排时首先要计算出第一轮轮空的队数，计算方法是：用稍大于参赛队数的 2 的乘方数，减去参赛队数，即为轮空队数。如 13 个队参赛,稍大于 13 的 2 的乘方数是 16,因此轮空队数为 16 – 13 = 3 个队，即第一轮有 3 个队轮空。

2. 种子队的确定及编排

种子队确定的原则基本上与分组循环赛种子队的确定原则相同，其数量主要是根据参赛队的多少而定。种子队确定后应将其分别安排在各区域中，不要使种子队在第一轮相遇。如果第一轮有轮空队，则先要安排种子队轮空，种子队的位置可用查表的方法找出，其方法是用稍大于或等于本次比赛队数的 2 的乘方数作为最大位置号数，再根据竞赛所设的种子队数在种子队位置表中由左至右找出小于或等于最大值的号数即为种子队的设置（表 5-11）。

表 5-11　种子队位置表

1	32	17	16	9	24	25	8

例如 13 个队参赛进行单循环赛，若设 4 个种子队，稍大于 13 的 2

的乘方数是 16，这样在表中可以查出种子队的位置分别是 1、16、9、8 四个位置。第一轮轮空的队应为 16－13＝3，此有三个种子队轮空，有一个种子队要参加第一轮的比赛。13 个队比赛的编排如表 10，第一轮中有一个种子队不轮空可安排号位为空号，1、8、16 三个种子队轮在 9 号位，2 号、7 号、15 空。最强的种子队应安排在两头的赛区，如 1、16 号的位置，次强种子队安排在中间如 8、9 号的位置，非种子队的位置通过抽签定位（表 5-12）。

表 5-12　13 个队的单淘汰编排

队伍数	第 一 轮	第 二 轮	第 三 轮	第 四 轮
1△				
2○				
3				
4				
5				
6				
7○				
8△				
9△				
10				
11				
12				
13				
14				
15○				
16△				

注：表 5-10 中，加 "△" 的为种子队，加 "○" 的为轮空队。

3. 附加赛

附加赛是在采用单淘汰制的情况下，除了要确定冠亚军之外，还要确定其他名次时而采用的方法。如 8 个队参赛，附加赛是让在复赛中失败的两个队再赛一场，胜者为第 3 名，负者为第 4 名。在预赛中失败的 4 个队也可按此办法进行附加赛决出 5～8 名。

三、混合制

混合制是循环制和淘汰制的混合，即一次竞赛中同时采用循环和淘汰两种赛制。采用混合制时，一般将竞赛分为两个阶段进行，前一阶段采用分组循环制，后一阶段采用淘汰制进行决赛。或者先采用淘汰制，然后让一定数量的获胜队进行循环赛决出名次。

通常采用的混合制比赛在第一阶段是分组循环，第二阶段采用淘汰制。比赛时主要有以下两种方法。

（一）交叉赛

如第一阶段分 A、B 两组，每组 6 个队进行单循环比赛排出小组的名次；第二阶段进行比赛时，可将两组的第 1、2 名进行交叉赛，即 A 组的第 1 名与 B 组的第 2 名，A 组的第 2 名与 B 组的第 1 名比赛。比赛获胜的两个队再进行决赛。胜队即取得第 1 名，负队为第 2 名。在第一次失败的两个队之间再进行一次比赛，他们之间的胜队为第 3 名，负队为第 4 名。后续名次可用同样方法决出。

（二）同名次赛

在比赛的第二阶段采用淘汰赛时，把第一阶段各组产生的同名次队分别编入各组内，进行淘汰赛，胜者名次列前。如分组较多时，可在同名次的组中进行半决赛淘汰。如分成四个组，每组 4 队，各组的第 1 名可再分为两组进行半决赛，两个胜队再进决赛确定出第 1、2 名，两个负队可进行附加赛，决出第 3、4 名，按同样的方法决出第 5～8 名、9～12 名、13～16 名。将一次竞赛分为两个阶段，前一阶段采用循环制，后一阶采用淘汰制或者与此相反。在混合制中采用淘汰制时，经常采用的是交叉淘汰或同名次淘汰。

思考题

1. 软式排球比赛的竞赛规程包括哪些内容？

2. 单循环编排法如何计算比赛场次？

3. 如果有"甲、乙、丙、丁、戊、己、庚"七个队参加比赛，请用贝格尔编排法，编排单循环轮次。

4. 单淘汰赛比赛的编排中轮空队数怎样计算？种子队的确定方法是怎样的？

5. 第二阶段的交叉赛如何编排？

第六章　软式排球竞赛规则与裁判法

 软式排球的竞赛规则

 裁判人员及其职责和规定手势

第一节　软式排球的竞赛规则

一、器材与设备

（一）比赛场地

比赛场地包括比赛场区和无障碍区及无障碍空间。

1. 面积

A 制：比赛场区为长 16 m、宽 9 m 的长方形。其四周至少有 3 m 宽的无障碍区。从地面向上至少有 7 m 高的无障碍空间（图 6-1-1）。

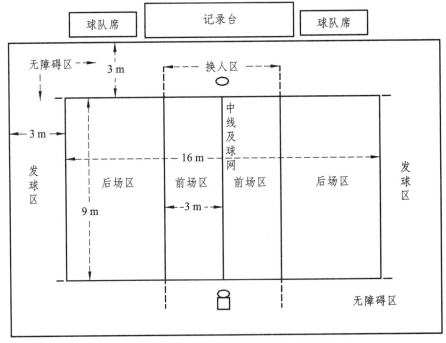

图 6-1-1

B 制：比赛场区为长 18 m、宽 9 m 的长方形。其四周至少有 3 m 宽的无障碍区。从地面向上至少有 7 m 高的无障碍空间（图 6-1-2）。

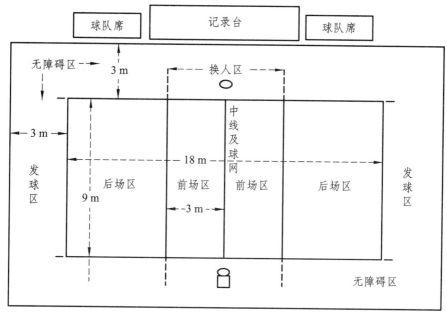

图 6-1-2

2．比赛场地的地面

比赛场地的地面必须平坦，不得有任何可能造成运动员受伤的隐患，不得在粗糙、湿滑的地面上进行比赛。

3．场地上的画线

（1）两条边线和两条端线划定了比赛场区。

（2）所有的界线宽 5 cm。颜色必须区别于场地地面。

（3）界线。两条边线和两条端线划定了比赛场区。边线和端线都包括在比赛场区的面积之内。

（4）中线。中线在网下接两条边线的中点。中线的中心线将比赛场区分为长 8 m、宽 9 m（A 制）或长 9 m、宽 9 m（B 制）的两个相等的场区。

（5）进攻线。每个场区各画一条距离中线中心线 3 m 的进攻线，标出了前场区。在每条进攻线边线两侧画五段长 15 cm、宽 5 cm，并间隔 20 cm 的虚线，虚线总长 1.75 m。

4．区和区域

（1）前场区。

中线与进攻线之间为前场区。前场区被认为是向边线外无限延长的，直至无障碍区的边沿。

（2）发球区。

发球区宽 9 m，位置在端线后（不包括端线）。端线后各画一条长 15 cm、垂直并距离端线 20 cm 的短线，两条短线之间的区域为发球区，短线宽度包括在发球区之内。

发球区的深度延至无障碍区的终端。

（3）换人区。

两条进攻线的延长线之间、记录台的一侧边线外的范围为换人区。

5．温度

温度必须适合室内外比赛。

6．照明度

照明度在离比赛场区地面 1 m 高处测量应为 800～1 200 勒克斯。

（二）球网和网柱

1．球网高度

（1）球网架设在中线上空，高度为男子 2.35 m、女子 2.20 m。少年组球网高度可适当降低。

（2）球网的高度应用量尺从场地中间丈量，球网两端（边线上空）的高度必须相等，并不得超过规定网高 2 cm。

2．构造

球网为黑色，宽 1 m、长 9.50～10 m，网眼直径 10 cm。球网外沿的全长缝有 7 cm 宽的双层白帆布带。带子的两端留有小孔，用绳索穿过小孔系在网柱上使网上沿拉紧。用一根柔韧的钢丝穿过帆布带，拉紧网上沿固定在网柱上。球网用绳索穿起并拉紧，应定在网柱上。

3．标志带

两条宽 5 cm、长 1 m 的白色带子为标志带，分别系在球网两端，垂直于边线。标志带被认为是球网的一部分。

4．标志杆

标志杆是有韧性的两根杆子，长 1.80 m，直径 1 cm，由玻璃纤维或类似材料制成。

标志杆高出球网 80 cm。高出部分每 10 cm 涂有明显对比的颜色，最好为红白相间。

5．网柱

（1）网柱架设在两条边线外 0.5～1 m 处，高 2.55 m，最好可以调节高度。支架球网的网柱为两根。

（2）网柱应光滑并无拉链。一切危险设施或障碍物都必须排除。

（三）球

1．特性

球是圆形的，由柔软的材料制成，能适应室内外比赛。

颜色：应为浅色。

圆周：成人组，65～67 cm；青少年组，63～65 cm。

重量：成人组，220～240 g；青少年组，200～220 g。

2．统一性

在一次比赛中所用的球，其特性，包括圆周、重量及牌号等都必须是统一的。国内正式比赛所用的球必须是中国排球协会指定的球。

3．球的弹性

比赛用球应当有一定的弹性，其标准为：在 2 m 高处自由下落反弹高度不低于 50 cm。

二、比赛参加者

（一）比赛队

1. 队的组成

（1）一个队由 8 名队员组成。A 制上场比赛的为 4 名队员，B 制上场比赛的为 6 名队员。可设 1 名教练员，1 名领队。

（2）队长。队长应在记分表上注明。

（3）只有登记在记分表上的队员才可参加比赛。教练员和队长在记分表上签字以后，已登记在记分表上的队员名单不得更改。

2. 比赛队的位置

（1）比赛时，替补队员应坐在他们场地一侧的球队席上或在准备活动区内，教练员、领队和其他成员也应坐在球队席上，但可暂时离开。球队席设在记录台的两侧、无障碍区之外。

（2）只有本队的成员才允许在比赛中坐在球队席上并参加赛前的准备活动。

（3）替补队员可以在以下区域做无球的准备活动。

① 比赛中，在准备活动区内。

② 暂停时在他们比赛场地一侧后面的无障碍区内。

（4）两局比赛之间的休息时间内，队员可以在无障碍区用球做准备活动。

（二）队员的服装

1. 服装要求

（1）队员服装包括上衣、短裤、袜子和运动鞋。全队队员上衣、短裤、袜子和运动鞋必须统一、整齐和颜色一致。

（2）运动鞋必须是没有后跟的柔软轻便的胶底或皮底鞋。

（3）队员上衣必须有号码，序号为 1～12 号。

① 号码必须在身前和身后的中间位置，并与上衣的颜色明显不同。

② 身前号码至少 15 cm 高，身后号码至少 20 cm 高，号码笔画宽度至少 2 cm。

（4）队长上衣胸前号码下应有一条与上衣颜色不同的长 8 cm、宽 2 cm 的带状标志。

（5）禁止穿不符合规定的服装比赛。

　2．服装更换

裁判员可以允许一名或多名运动员：

（1）不穿鞋进行比赛。

（2）在局间或替换后更换湿运动服，但新换的服装必须为相同的颜色、式样和号码。

（3）天气较冷时，裁判员可以允许比赛队穿训练服进行比赛。但全队服装颜色、式样必须相同，并有规则规定的号码。

　3．禁止穿戴的服装与物品

（1）禁止佩戴可能造成伤害及有碍人为加力的任何物品。

（2）队员可以戴眼镜进行比赛，但后果自负。

（三）参加者的权利和责任

　1．队员

（1）队员必须了解并遵守软式排球竞赛规则。

（2）队员应发扬良好的体育道德作风，服从裁判员的判定，不允许争辩。

（3）队员的行为必须符合公平竞赛的精神，不仅要尊重裁判员，而且对其他工作人员、对方队员、本队队员及观众要尊重，要有礼貌。

（4）队员不得因任何其他理由而影响裁判员的判断或掩盖本队犯规的动作和行为。

（5）队员不得有任何延误比赛的行为。

（6）比赛中允许全队成员间的交谈。

　2．队长

（1）在比赛开始前，队长在记分表上签字并代表本队进行抽签。

（2）在比赛中，队长担任场上队长。当队长返回场上，或至该局结束，场上队长在死球时可以和裁判员讲话。

① 提出问题和请求。队长如果对解释不满意，必须立即向裁判员提出声明，并保留其在比赛结束时将此意见作为抗议记录在记分表上的权利。

② 请求允许：

a）更换全部或部分服装。

b）核对双方队员的场上位置。

c）检查地板、球网、球等。

③ 请求暂停和换人。

（3）在比赛结束时队长要：

① 感谢裁判员，并在记分表上签字承认比赛结果。

② 如果他曾向裁判员提出过声明，该声明可以进一步确认后作为对裁判员解释或执行规则的正式抗议记录在记分表上。

3. 教练员

（1）教练员应于比赛自始至终在场外进行指挥，他填写队员上场位置表、请求换人和暂停，为此他和裁判员联系。

（2）比赛前，教练员在记分表上登记和检查队员姓名、号码并签字。

（3）比赛中：

① 每局开始前填写位置表，签字后交给记录员或裁判员。

② 坐在靠近记录员一端的球队席上，但可暂时离开。

③ 请求暂停和换人。

④ 教练员与队里的其他成员一样，可以对场上队员进行指导。教练员在进行指导时可以在替补席前自进攻线延长线至准备活动区之间的无障碍区站立或走动，但不得干扰或延误比赛。

4. 领队

（1）领队坐在球队席上，但无任何权利。

（2）如果教练员必须离队，根据场上队长的请求、经裁判员同意，领队可以承担教练员的职责。

三、比赛方法

（1）每球得分制。

（2）三局两胜制，胜两局的队胜一场。

（3）如果 1∶1 平局时，进行决胜局。

（4）前两局先得 25 分并同时超过对方 2 分的队胜一局。当比分 24∶24 时，比赛继续进行至某队领先对方 2 分为止，没有最高分限。

（5）决胜局先得 15 分并同时超过对方 2 分的队胜该局，当比分 14∶14 时，比赛继续进行至某队领先 2 分为止，没有最高分限。比分到 8 分时交换场区。

（6）弃权。

① 某队被召唤之后拒绝比赛，则宣布该队为弃权，以 0∶2 的比局和 0∶25、0∶25 的比分失利。

② 某队无正当理由而未准时到场，则宣布该队弃权，结果同上。

四、比赛的准备和组织

（一）比赛的准备

1．抽签

裁判员应在比赛开始前 15 分钟和决胜局开始前召集双方队长抽签。获胜者选择：① 发球或接发球。② 场区。抽签失利者从余项中选择。

2．准备活动

在比赛开始前，如另有场地供比赛队进行活动，则每队可上网活动 5 分钟，可分练，也可合练。如无场地，则每队可上网活动 10 分钟。

（二）上场阵容

（1）赛制。

A 制：场上每个队必须始终保持 4 名队员进行比赛。

B 制：场上每个队必须始终保持 6 名队员进行比赛。队员轮转次序应按位置表登记的顺序进行，直到该局结束。

（2）每局比赛开始前，教练员必须及时将上场阵容登记在位置表上，签字后交给裁判员或记录员。

（3）未列入上场阵容的队员为该局的替补队员。

（4）位置表一经交给裁判员或记录员，除正常换人外，不得更改。

（5）当场上队员的位置与位置表不符时：

① 一局开始前，场上队员位置与位置表不符时，必须按位置表进行纠正，不予判罚。

② 如果一局开始前，场上有一名或多名队员没有登记在位置表上，则必须按位置表进行纠正，不予判罚。

③ 如果教练员要保持未登记的队员在场上，则他必须请求正常的换人，并登记在记分表上。

（三）位置

当发球员击球时，双方队员（发球队员除外）必须在本场区内按轮转次序站位。

1. 队员的场上位置

A制：1号位为后排队员，2、3、4号位为前排队员。

B制：1、5、6号位为后排队员，2、3、4号位为前排队员。

前后排队员位置不能颠倒；同排队员位置不能交叉（发球的队员除外）。

2. 两名队员之间的位置

（1）每名后排队员的位置必须比其相应的前排队员距离球网更远。

（2）前、后排队员左右之间位置按上述规定站位。

3. 队员的位置应根据其脚的着地部位来判定

（1）每一名前排队员至少有一只脚的一部分比同列后排队员的双脚距中线更近。

（2）每一名右边（左边）队员至少有一只脚的一部分比同排中间队员的双脚距右（左）边线更近。

4. 发球击球后双方球员位置

发球击球后，双方队员可以在本场区和无障碍区的任何位置上。但后排队员不得进入进攻线以前拦网和踩上或踩过进攻线内将高于球网的球直接击过对方场区。后排队员可以在进攻线后将球直接击入对方场区。

5. 位置错误

（1）当发球队员击球时，如果队员不在其正确位置上，则构成位置错误犯规。

（2）发球队员击球的犯规与对方位置错误同时发生，则发球者被认为犯规在先而被判罚。

（3）如果发球队员是击球以后犯的规，则位置错误在先，判位置错误犯规。

（4）位置错误的判罚如下：

① 位置错误的一方被判失一球。

② 队员恢复到正确的位置。

6. 轮 转

（1）轮转次序包括发球队员及其他队员的站位，在整局中均按位置表填写顺序进行。

（2）接发球队获得发球权后，该队队员必须按顺时针方向轮转一个位置（A制：2号位队员转至1号位发球，1号位队员转至4号位等；B制：2号位队员转至1号位发球，1号位队员转至6号位等）。

7. 轮 转 错 误

（1）没有按照轮转次序进行发球应判为轮转错误，进行如下判罚：

① 该队被判失一球。

② 队员的轮转次序得到纠正。

（2）记录员应准确地确定其错误从何时发生，从而取消该队自错误发生以后的所有得分。对方得分仍然有效。如果不能确定在轮转错误中所得分数，则仅给予失一球的判罚。

（四）队员的替换

在裁判员的准许下，一名队员离开比赛场地，而由另一名已在记分表上登记过的队员占据其位置的行为，被称作替换。

1. 替换的制度

（1）每一局每队最多可替换四人次。可以同时替换一人或多人。

（2）每一局开始上场阵容的队员在同一局中可以退出比赛和再次上场。

（3）替补队员每局可以上场替换场上任何一名队员。

2. 特殊替换

某一队员受伤不能继续比赛时，必须进行合法替换。如果不能进行合法替换时，可采取超出规则限制的特殊替换。特殊替换时场外的任何队员都可以替换受伤队员，但受伤队员不可在本场比赛中再次上场比赛。在任何情况下特殊替换不作为合法替换的次数计算。

3. 被判罚出场和取消比赛资格的替换

某队员被判罚出场或取消比赛资格时必须进行合法替换。如果不能进行合法替换，则该队被宣布阵容不完整。

4. 不合法的替换

（1）超出规则限制的替换是不合法的替换（特殊替换的情况除外）。

（2）某队进行了不合法的替换，而且比赛已重新开始，应按如下步骤处理：

① 判该队失一球。

② 对不合法的替换给予纠正。

③ 取消犯规队因此而得的分数，对方所得的分数应予保留。

五、比赛行为

（一）比赛的状态

1. 比赛开始

裁判员鸣哨允许发球，发球队员击球时比赛开始。

2．比赛的中断

裁判员鸣哨则比赛中断。但是如果裁判员是由于比赛中出现犯规而鸣哨的，则比赛的中断实际是由犯规的一刻开始的。

3．界内球

球触及比赛场区的地面包括界线，为界内球。

4．界外球

下列情况为界外球：

（1）球接触地面的部分在界线以外（不包括触线）。

（2）球触及场外物体、天花板或非场上比赛的成员等。

（3）球触及标志杆、网绳、网柱或球网标志带以外部分。

（4）球的整体或部分从非过网区完全越过网的垂直面。

（5）球的整体从网下穿过。

（二）比赛中的犯规

1．定义

（1）比赛中任何违反规则的行为都被认为是犯规。

（2）裁判员根据规则对犯规进行判断和判罚。

2．犯规的判罚

（1）每一犯规均有判罚。

（2）如果两个或更多的犯规先后发生，则只判罚第一个犯规。

（3）如果双方队员同时犯规，则判双方犯规，该球重新进行。

（三）比赛中的击球

1．球队的击球

（1）每队最多可击球三次（拦网除外），将球从球网上空击回对方。

（2）无论是主动击球或被动触及，均作为该队击球一次。

（3）一名队员不得连续击球两次（拦网除外）。

2．同时触球

（1）两名队员可以同时触球。

（2）当同队的两名队员同时触球时，被计为击球两次（拦网除外）。如果只有其中一名队员触球，则只计为击球一次。队员之间发生冲撞不算犯规。

（3）两名不同队的队员在网上同时触球，如果比赛继续进行，则获得球的一方仍可击球三次。如果球落在某方场区外，则判为对方击球出界。如果双方队员网上同时触球造成"持球"，则判"双方犯规"，该球重新进行。

3．借助击球

队员不得在比赛场地以内借助同伴或任何物体进行击球。但是一名队员可以挡住或拉住另一名即将造成犯规（如触网、过中线等）的同队队员。

4．击球的性质

（1）身体的任何部位均可击球。

（2）球必须被击出，不可接住或抛出，球可以向任何方向弹出。

（3）球可以触及身体的不同部位，但必须是同时触及。下列情况例外：

① 在拦网中，允许一名或多名拦网队员在同一拦网动作中连续触球。

② 在第一次击球时，允许身体不同部位在同一击球动作中连续触球。

5．击球时的犯规

（1）"四次击球"：连续触球四次。

（2）"持球"：队员没有将球清晰地击出，造成接住或抛出。

（3）"连击"：一名队员连续击球两次或球连续触及队员身体的不同部位。

（4）"借助击球"：队员在比赛场地以内借助同伴或任何物体的支

持进行击球。

（四）球网附近的球

1. 球越过球网

（1）球必须通过球网上空的过网区进入对方场区。过网区是球网垂直平面的部分，其范围是：

① 下至球网上沿。

② 两侧至标志杆及其延长线。

③ 上至天花板。

（2）球的整体或部分从过网区以外飞向对方无障碍区，可以在下列情况下将球击回：

① 队员不得进入对方场区。

② 球必须从过网区以外（包括标志杆上）击回，对方队员不得阻碍此击球。

2. 球触球网

球越过球网时可以触网。

3. 球入球网

（1）球入球网后，在该队的三次击球内，可以再次击球。

（2）如果球击破网或使球网坠落，则该球重新进行。

（五）球网附近的队员

1. 越过球网

（1）在拦网时，允许越过球网触球，但在对方进攻性击球前和击球时不得妨碍对方。

（2）进攻性击球后允许手过网，但击球时必须在本场区空间。

2. 网下穿越

（1）穿越中线时入对方场区。

①队员的一只（两只）脚或一只（两只）手部分越过中线触及对方场区的同时，其余部分接触中线或置于中线上空是允许的，不判为犯规。

②队员身体的其他部分都不允许接触对方场区。

（2）比赛中断后队员可以进入对方场区。

（3）在不影响对方比赛的情况下，队员可以穿越进入对方的无障碍区。

3．触网

（1）触网或触标志杆不是犯规，但队员击球时或干扰比赛的情况下触网除外。某些击球可包含实际上没有触及球的击球动作。

（2）队员击球后可以触及网柱、全网长以外的网绳和其他任何物体，但不得影响比赛。

4．队员在球网附近的犯规

（1）对方队员进攻性击球前或击球时，本方队员在对方空间触及球或对方队员。

（2）队员穿入对方空间并妨碍对方比赛。

（3）越过中线进入对方场区。

（4）队员击球时或干扰比赛的情况下触及球网。

（六）发球

1．定义

发球队员在发球区用一只手或手臂将球击出而进入比赛的动作，称为发球。

2．首先发球

第一局和第三局由抽签选定发球权的队首先发球。

第二局由前一局未首先发球的队发球。

3. 发球次序

一局中首先发球之后，队员按下列规定进行发球：

（1）当发球队胜一球时，原发球队员继续发球。

（2）当接发球队胜一球时，获得发球权并由上次未发球的队员按顺时针方向轮转发球。

4. 发球的允许

裁判员检查发球队员已握球在手且双方队员已做好比赛准备时，则鸣哨允许发球。

5. 发球的执行

（1）发球队员可以在发球区任意移动。发球击球时，发球队员不得触及场区（包括端线）和发球区以外地面。击球后，发球队员可以踏及或落在发球区或场区内。

（2）发球队员必须在裁判员鸣哨后 8 秒内将球击出。

（3）裁判员鸣哨前的发球无效，该球重发。

（4）球被抛起或持球手撤离后，必须在球落地前，用一只手或手臂的任何部分将球击出。

（5）球只能被抛起或撤离一次，但拍球或在手中移动球是被允许的。

6. 发球掩护

（1）发球队的队员个人或集体不得利用掩护阻挡对方观察发球队员和球的飞行路线。

（2）在发球时，发球队队员个人或集体挥臂、跳跃或左右移动，或集体密集站立遮挡球的飞行路线，则构成掩护。

7. 发球时的犯规

下列犯规应判为发球犯规进行换发球，即使对方位置错误。

发球队：

（1）发球次序错误。

（2）没有遵守发球的规则。

8. 击球后的发球犯规

球被发出后,出现以下情况仍被判为发球犯规(除非队员位置错误):

(1)球触及发球队队员或没有通过球网的垂直平面。

(2)球出界。

(3)球越过进行发球掩护的队员。

9. 发球后的犯规与对方位置错误

(1)如果发球犯规与对方位置错误同时发生,判发球犯规。

(2)如果发球后犯规(例如发球出界、发球掩护等),而对方出现位置错误,判位置错误犯规。

(七)进攻性击球

1. 定义

(1)除发球和拦网外,所有直接向对方的击球都是进攻性击球。

(2)当球的整体通过球网垂直面或被对方拦网队员触及,进攻性击球则告完成。

(3)前排队员可以对任何高度的球进行进攻性击球,但触球时必须在本方场区空间。

2. 进攻性击球的限制

(1)前排队员可以对任何高度的球完成进攻性击球。但触球时必须在本场地空间。

(2)后排队员可以在进攻线后对任何高度的球完成进攻性击球,但:

① 起跳时脚不得踏及或越过进攻线。

② 击球后可以落在前场区。

(3)后排队员也可以在前场区完成进攻性击球,但触球时球的一部分必须低于球网上沿。

(4)对方发球时接发球队员不能在进攻区内对高于球网上沿的球做进攻性击球。

3．进攻性击球犯规

（1）队员在对方场区空间击球。

（2）队员击球出界。

（3）队员对对方发过来的球在球的整体高于球网上沿时完成进攻性击球。

（4）后排队员在前场区完成进攻性击球，并且击球时球的整体高于球网上沿。

（八）拦网

1．定义

（1）拦网是队员靠近球网，将手伸向高于球网处阻挡对方来球的行动。只有前排队员可以完成拦网。

（2）拦网试图。没有触及球的拦网行动为拦网试图。

（3）完成拦网。触及球的拦网行动被认为完成拦网。

（4）集体拦网。两名或三名队员彼此靠近进行拦网为集体拦网。其中一人触球则完成拦网。

2．拦网队员的击球

拦网后可以由任何一名队员进行第一次击球，包括拦网时已经触球的队员。

3．进入对方空间拦网

拦网时队员可以将手或手臂伸过球网，但不得影响对方击球，拦网触球应在对方队员进攻性击球之后。

4．拦网的触球

（1）一个队拦网触球后仍可三次击球。

（2）在一个动作中，球可以连贯（迅速而连续）地触及身体的任何部位。

（3）拦网时球可以触及身体的任何部位。

5．拦网犯规

（1）在对方进攻性击球前或击球前或击球同时，拦网队员在对方场区空间触球。

（2）队员从标志杆以外伸入对方空间拦网。

（3）队员拦对方发球。

（4）拦网出界。

六、暂停、延误和换人

（一）暂停

1．定义

暂停是正常的比赛间断，时间为30秒钟。

2．暂停的次数

每局比赛中，每队最多可请求两次暂停。

3．暂停的请求

当比赛成死球时，在裁判员鸣哨发球之前，队长或教练员可用相应的手势请求暂停。一次暂停可与另一次暂停连续使用，中间无须经过比赛。

4．不符合规定的暂停请求

（1）在比赛进行中在裁判员鸣哨发球的同时或之后。

（2）超过规定的正常暂停次数。

任何没有影响或延误比赛的不符合规定的暂停请求均应予以拒绝而不进行判罚，但在同一局中不得再次发生。

（二）比赛的延误

1．延误的类型

一个队拖延比赛继续进行的不正当行为为延误比赛。包括以下行动：

（1）在裁判员鸣哨恢复比赛后，拖延暂停时间。

（2）在同一局中再次提出不符合规定的请求。

（3）拖延比赛的继续进行。

2．对延误的判罚

（1）在一局中，对一个队的第一次延误给予延误警告。

（2）在同一局，同一个队任何类型的第二次或更多次的延误均构成犯规，给予延误判罚，失去一球。

（3）所有的延误判罚都要记录在记分表上。

（三）意外的比赛间断

1．受伤

（1）比赛中出现严重伤害事故，裁判员应立即中断比赛。该球重新进行。

（2）如果受伤队员已不能进行合法替换和特殊替换，则给予受伤队员 3 分钟的休息时间。一场比赛中同一队员只能给予一次供恢复的时间。3 分钟后如仍不能进行比赛，该队被宣布阵容不完整。

2．外界干扰

比赛中出现任何外界干扰，都应停止比赛(如其他球进入场内等)，该球重新进行。

3．长时间的间断

任何意外的情况使比赛中断时，裁判员、比赛组织者应采取措施，使比赛恢复正常。

（1）一次或数次间断时间累计不超过 4 小时。

① 如果比赛仍在原场地进行，则间断的一局应保持原比分和原队员，已结束的各局保留比分。

② 如果比赛改在另外场地进行，则间断的一局应取消，而保持该局的原队员重新比赛。已结束的各局保留比分。

（2）一次或数次间断时间累计超过 4 小时，则全场比赛重新开始。

（四）交换场区、休息和换人

1. 交换场区

在每局比赛后，双方交换场区。决胜局前交换场区（决胜局时，不论哪一方比分到 8 分时，都必须交换扬区，中间不休息）。

2. 局间休息

（1）所有局间休息均为 2 分钟。决胜局前，裁判员主持重新抽签。

（2）局间休息时，双方队员可坐在运动队席位上，也可在比赛场地练习。

3. 换人

（1）换人必须在换人区内进行。

（2）换人时，持续时间仅限记录员登记和队员进出场必需的时间。

（3）在请求换人时，队员必须站在换人区附近并做好进场准备。否则裁判员将不接受请求并判该队延误比赛犯规。

（4）如果想替换一名以上的队员，则必须在提出请求换人的同时用手势表明换人的次数。替换时队员一对对相继进行。

4. 不符合规定的换人

（1）在裁判员鸣哨发球的同时或之后提出请求。

（2）无请求权成员提出请求。

（3）同一队未经过比赛过程再次请求换人。

（4）超所规定正常间断次数的请求。

在比赛中对第一次没有影响和延误比赛的不符合规定的请求应予以拒绝而不进行判罚，但在同一场中不能再次发生。

比赛中再次提出不符合规定的请求应判延误。

七、参赛者的行为

（一）行为要求

1. 符合体育道德的行为

（1）参赛者必须了解并遵守规则。

（2）参赛者必须以良好的体育道德作风服从裁判的判定，不允许进行争辩。如有疑问，可以并只能通过场上队长提请解释。

（3）参赛者不得因任何其他理由影响裁判员的判断或掩盖本队犯规的行为表现。

2. 公正竞赛

（1）参赛者的行为必须符合"公正竞赛"的精神，不仅对裁判员，而且对其他工作人员、对方队员、同队队员以及观众都要尊重、有礼貌。

（2）比赛期间队内成员交流是允许的。

（二）不良行为及其判罚

1. 轻微的不良行为

对轻微的不良行为进行判罚，但裁判员有责任用口头或手势通过场上队长进行指正。这个警告不记录在记分表上。

2. 给予判罚的不良行为

（1）粗鲁行为：违背道德原则和文明举止，有侮辱性表示。

（2）冒犯行为：诽谤、侮辱的语言或行为。

（3）侵犯行为：人身侵犯或企图侵犯。

3. 判罚等级

裁判员根据不良行为的程度，分别给予如下判罚，并记录在记分表上：

（1）判罚失球。

用于在全场比赛中任一成员的粗鲁行为，判该队失一球。

（2）判罚出场。

① 任何成员被判罚出场都必须离开比赛场地，不得继续参加该局的比赛。教练员被判罚出场失去指挥权力，领队则可以按规定承担教练员职责。

② 某成员第一次出现冒犯行为，只判罚其出场，无其他处罚。

（3）取消比赛资格。

① 被取消比赛资格的成员必须离开比赛区域，不得继续参加该场比赛。

② 其成员第一次出现侵犯行为，取消其比赛资格，无其他处罚。

③ 同一场比赛中同一名成员第二次出现冒犯行为，取消其比赛资格，无其他处罚。

（4）判罚的实施

① 不良行为的判罚是针对个人的，整场比赛有效，记录在记分表上。

② 同一人在同一场比赛中重犯不良行为时，按判罚等级表（表6-1）加一级判罚（某一成员连续地出现不良行为，后一次的判罚应重于前一次）。

③ 对冒犯行为和侵犯行为的判罚出场或取消比赛资格，必须由第一裁判员判罚。

（5）局前与局间不良行为

任何局前与局间的不良行为，都应按规则进行判罚，并记录在下一局中。

（6）判罚牌的使用。

警告：口头或手势，无牌。

判罚：黄牌。

判罚出场：红牌。

取消比赛资格：红黄牌（同一手中）。

表 6-1

不良行为等级	次数	处理方法	出示红黄牌	结果
粗鲁行为	一	判罚	黄	失一球
	二	判罚出场	红	判罚出场
	三	取消资格	一手持红黄牌	取消比赛资格
冒犯行为	一	判罚	红	判罚出场
	二	判罚出场	一手持红黄牌	取消比赛资格
侵犯行为	一	取消资格	一手持红黄牌	取消比赛资格

第二节　裁判人员及其职责和规定手势

一、裁判人员和工作程序

（一）组成

A 制一场比赛的裁判由一名裁判员和一名记录员组成。

B 制一场比赛的裁判可由第一裁判员和第二裁判员及一名记录员组成（两名裁判员的分工与配合按室内六人制排球规则进行）。

（二）工作程序

（1）在比赛中只有裁判员可以鸣哨。

①裁判员鸣哨发球，开始比赛。

②裁判员确认犯规发生并判断其性质，鸣哨中断比赛。

（2）在比赛中断期间，裁判员可以鸣哨表示同意或拒绝某队的请求。

（3）裁判员鸣哨中止比赛后，应立即以规定手势表明：

①应发球的队。

②犯规的性质。

③犯规的队员（如果必要）。

（三）第一裁判员

1. 位置

第一裁判员坐或站在球网一端的裁判台上履行职责。其视线水平必须高出球网上沿约 50 cm。

2. 权力

（1）第一裁判员自始至终领导该场比赛。第一裁判员对记录员和运动队的成员行使权力。在比赛中，第一裁判员的判定是最终判定。如果发现记录员错误，他有权改判，甚至可以撤换不称职的记录员。

（2）第一裁判员有权决定涉及比赛的一切问题，包括规则中没有规定的问题。

（3）第一裁判员不允许对其判定进行任何争辩。但当队长提出请求时，裁判员应对其判定所依据的规则和规则的执行给予解释。如果队长立即表示不同意他的解释，并提出声明保留其在比赛后对此提出正式抗议的权利，裁判员必须给予允准。

（4）在比赛前和比赛中，第一裁判员负责决定赛场条件是否符合比赛要求。

3. 责任

（1）比赛前：

① 检查比赛场地、球和其他器材。

② 主持双方队长抽签。

③ 掌握两队的准备活动。

④ 检查记录台工作。

（2）比赛中：

① 对不良行为和延误进行判罚。

② 判定：

—— 发球队员的犯规。

—— 发球队的掩护和场上位置错误。

—— 比赛击球的犯规。

—— 高于球网和球网上下沿部及整个球网、标志杆、标志带的犯规。

——后排队员进攻性击球及拦网犯规。

——网下穿越进入对方场区和空间。

③ 监督记录员的工作。

④ 允许暂停，掌握暂停时间、各队暂停的次数，并将第二次暂停和第四次换人告知有关队，拒绝不合规定的请求。

⑤ 给予受伤队员恢复时间。

⑥ 队员由网下穿越进入对方场区和空间干扰对方。

⑦ 球从过网区以外过网或触及障碍物。

（四）第二裁判员

1. 位置

第二裁判员站在第一裁判员对面，比赛场区外的网柱附近，面对第一裁判员履行其职责。

2. 权力

（1）第二裁判员是第一裁判员的助手，但是他也有自己的权限。当第一裁判员不能继续工作时，他可以代替第一裁判员履行职责。

（2）第二裁判员可以用手势指出他权限以外的犯规，但不得鸣哨，亦不得向第一裁判员坚持自己的判断。

（3）第二裁判员掌管记录员的工作。

（4）第二裁判员监督坐在球队席上的球队成员，并将他们的不良行为报告给第一裁判员。

（5）第二裁判员掌管准备活动区域中的队员。

（6）第二裁判员允许比赛间断的请求，掌握间断时间和拒绝不符合规定的请求。

（7）第二裁判员掌握各队暂停和换人的次数，并将第二次暂停和第五六次换人告诉第一裁判员和有关教练员。

（8）发现队员受伤，第二裁判员可以允许特殊换人，或给予 3 分钟的恢复时间。

（9）第二裁判员检查比赛场地的条件，主要是前场区。比赛中他还要检查球是否符合比赛要求。

（10）第二裁判员监督判罚区域中受罚的队的成员，并将其不良行为报告给第一裁判员。

3．责任

（1）在每局开始、决胜局交换场区，以及任何必要的时候，检查场上队员的实际位置是否与位置表相符。

（2）在比赛中第二裁判员对以下犯规做出判断，鸣哨并做出手势。

① 网下穿越进入对方场区和空间。

② 接发球队位置错误。

③ 队员触及球网下部和第二裁判员一侧的标志杆。

④ 后排队员完成拦网或后排自由防守队员试图拦网犯规。

⑤ 球触及场外物体。

⑥ 第一裁判员难以观察时，球触及地面。

⑦ 球的整体或部分从第二裁判员侧的过网区以外过网，飞入对方场区，或触及他一侧的标志杆。

（3）比赛结束后在记分表上签字。

（五）记录员

1．位置

记录员坐在裁判员对面的记录台处，面对裁判员履行其职责。

2．责任

记录员根据规则填写记录表并让临场裁判员检查。

（1）在比赛前和每局前，记录员按照规定程序登记有关比赛和两队的情况，并取得双方队长和教练员的签字。

（2）在比赛中，记录员的职责有：

① 记录得分并校对记分牌上的比分是否正确。

② 一局中每一队首次发球时记录发球次序。

③ 通过展示相应发球队员的号码牌指明发球次序。

记录员发现任何错误，应在发球击球后立即告知裁判员。

④ 记录暂停、换人，检查暂停、换人次数，并告知裁判员。

⑤ 报告裁判员不符合规定的暂停和换人请求。

⑥ 每局比赛结束和决胜局 8 分交换场区时要通知裁判员。

⑦ 记录各种判罚。

⑧ 登记其他事件，如特殊替换、恢复时间、被拖延的间断、外因造成的间断等。

（3）比赛结束时，记录员的职责有：

① 登记最终结果。

② 自己在记录表上签字后，取得双方队长及裁判员的签字。

③ 如果有提出抗议的情况，由自己或相关队长将有关抗议的问题写在记录表上。

二、规定手势

裁判员鸣哨后必须用规定的手势指出所判犯规的性质或准许比赛间断的目的。手势应有短时的展示。如果是单手做手势，则应用与犯规队或提出请求队同侧的手表示。裁判员手势如表 6-2 所示。

表 6-2

序号	表明的性质	裁判员手势	
1	允许发球 第一裁判员		指出发球方向
2	发球队 第一裁判员 第二裁判员		平举与发球队同侧手臂

序号	表明的性质	裁判员手势
3	交换场地 第一裁判员 第二裁判员	两臂屈肘，在身体前后绕旋
4	暂停 第一裁判员 第二裁判员	一臂屈肘抬起，手指向上；另一手掌放在该手指尖上，并掌心向下，然后指明提出请求的队
5	换人 第一裁判员 第二裁判员	两臂屈肘在胸前环绕
6	判罚 第一裁判员	一手持黄牌举起

序号	表明的性质	裁判员手势
7	判罚出场 第一裁判员	一手持红牌举起
8	取消比赛资格 第一裁判员	一手持红、黄牌举起
9	一局或全场比赛结束 第一裁判员 第二裁判员	两臂胸前交叉，手伸开，掌心向内
10	发球时球未抛起 第一裁判员	一臂慢慢举起，掌心向上

序号	表明的性质	裁判员手势	
11	发球延误 第一裁判员		举起八个手指并分开，掌心向前
12	发球掩护或拦发球犯规 第一裁判员 第二裁判员		两臂上举，掌心向前
13	位置或轮转错误 第一裁判员 第二裁判员		犯规一侧手食指在体前水平绕环
14	界内球 第一裁判员 第二裁判员		手臂和手指向地面

序号	表明的性质	裁判员手势	
15	界外球 第一裁判员 第二裁判员		两臂屈肘上举，掌心向身体
16	持球 第一裁判员 第二裁判员		屈肘慢举前臂，掌心向上
17	连击 第一裁判员		举起两个手指并分开，掌心向前
18	四次击球 第一裁判员		举起四个手指并分开，掌心向前

序号	表明的性质	裁判员手势	
19	队员触网和发球没有过网 第一裁判员 第二裁判员		一手触犯规一侧的球网
20	过网击球 第一裁判员		手置于球网上空，掌心向下
21	后排进攻违例 第一裁判员		一臂上举，前向下摆动，至掌心向下
22	队员进入对方场区或球从网下穿过 第一裁判员 第二裁判员		失误方一侧手指指向中线

序号	表明的性质	裁判员手势	
23	双方犯规 第一裁判员		两臂屈肘，竖起拇指
24	触手出界 第一裁判员 第二裁判员		用一手掌摩擦另一屈肘上举的指尖
25	延误警告和判罚 第一裁判员	警告　　判罚	两臂屈肘举起，用一手掌遮盖另一手腕，掌心向身体（警告），或用黄牌遮挡手腕（判罚）

第七章 软式排球操

（一）第一节

预备　　　　　　　　1　　　　　　　　2

3　　　　　　　　4　　　　　　　　5

6　　　　　　　　7　　　　　　　　8

第一个8拍

预备：并腿站立，双手持球，手臂伸直在体前；

1拍—4拍：开始原地踏步，第4拍同预备姿势；

5拍：并腿站立，双手持球直臂胸前举，同时脚跟提起落下一次；

6拍：并腿站立，双手持球直臂上举，同时脚跟提起落下一次；

7拍：同5拍；

8拍：并腿站立，双手持球放下，同预备姿势。

第二、三、四个8拍：同第一个8拍。

（二）第二节

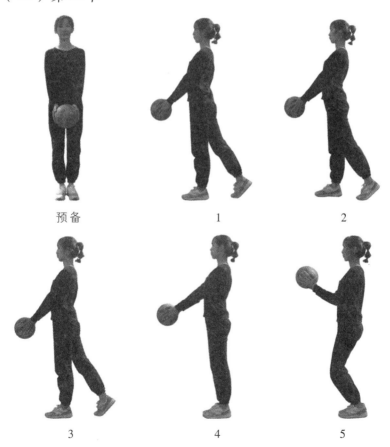

预备   1   2

3   4   5

6 7 8

第一个8拍

预备：并腿站立，双手持球，手臂伸直在体前；

1拍：左脚向前迈出一步，双手持球在体前斜下举（手臂与身体夹角约30°）；

2拍：右脚向前迈出一步，双手持球在体前斜下举（同1拍）；

3拍：同1拍；

4拍：右脚向前并拢左脚，双腿并立，双手持球在体前斜下举（手臂与身体夹角约30°）；

5拍：并腿稍蹲，同时肘关节弯曲，双手持球在面前；

6拍：同4拍；

7拍：同5拍；

8拍：并腿站立，双手持球放下，同预备姿势。

第二个8拍：动作相同第一个8拍，腿的方向相反（后退）。

第三、四个8拍：同第一、二个8拍。

（三）第三节

第一个8拍：

预备：并腿站立，双手持球，手臂伸直在体前；

1拍：左脚向左打开成分腿半蹲，双手持球，手臂伸直胸前平举；

2拍：重心移至左脚，右脚脚尖点地，双手持球上抬至左侧平举；

预备　　　　　　　　　1　　　　　　　　　2

3　　　　　　　　　4　　　　　　　　　5

6　　　　　　　　　7　　　　　　　　　8

3 拍：还原到 1 拍的身体姿态；

4 拍：同 2 拍，动作相同，方向相反；

5 拍—7 拍：同 1 拍—3 拍；

8 拍：两腿开立，双手持球，手臂伸直在体前；

第二个 8 拍：同第一个 8 拍，方向相反。

第三、四个 8 拍：同第一、二个 8 拍。

（四）第四节

第一个 8 拍：

预备：并腿站立，双手持球，手臂伸直在体前；

1 拍：左脚向左迈出一步；

2 拍：左脚提踵，同时重心移至左脚，右脚脚尖点地，肘关节弯曲，双手持球在胸前；

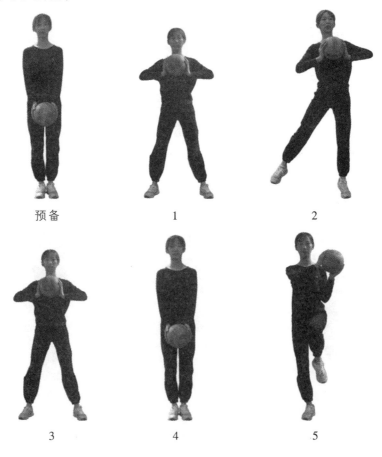

预备　　　　　　　1　　　　　　　2

3　　　　　　　4　　　　　　　5

6   7   8

3 拍：两腿开立，重心回到两腿间，肘关节弯曲，双手持球在胸前；

4 拍：并腿站立，双手持球，手臂伸直在体前；

5 拍：左脚踏步，双手持球在左肩；

6 拍：右脚踏步，双手持球在右肩；

7 拍：同 5 拍；

8 拍：并腿站立，双手持球，手臂伸直在体前。

第二个 8 拍：动作同第一个 8 拍，方向相反。

第三、四个 8 拍：同第一、二个 8 拍。

（五）第五节

预备   1   2

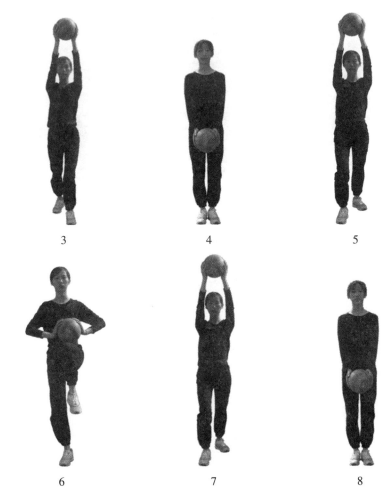

3 4 5

6 7 8

第一个 8 拍：

预备：并腿站立，双手持球，手臂伸直在体前；

1 拍：左脚上步成弓步，双手持球上举；

2 拍：重心前移至左腿，右腿屈腿，同时双手持球下拉用球击右膝盖；

3 拍：后撤右腿成弓步，双手持球上举；

4 拍：左脚收回，双腿并拢，双手持球在体前；

5 拍—8 拍：先出右腿，动作同 1 拍—4 拍。

第二、三、四个 8 拍：同第一个 8 拍。

（六）第六节

预备　　　　　　　1　　　　　　　2

3　　　　　　　4　　　　　　　5

6　　　　　　　7　　　　　　　8

第一个 8 拍：

预备：并腿站立，双手持球，手臂伸直在体前；

1 拍—4 拍：左脚向左迈出一步，重心移在左脚，右脚脚尖点地，上体左转 80°同时右手托球由下向上慢托起；

5 拍—8 拍：右手托球慢收回成双手持球在体前，同时收左脚成并立；

第二个 8 拍：动作同第一个 8 拍，方向相反。

第三、四个 8 拍：同第一、二个 8 拍。

（七）第七节

预备　　　　　　　1　　　　　　　　2

3　　　　　　　　4　　　　　　　　5

6	7	8

第一个8拍：

预备：并腿站立，双手持球，手臂伸直在体前；

1拍：并腿站立，双手持球竖直上推；

2拍—4拍：并腿站立，保持上肢的身体姿态不变，屈髋体前屈，手持球向下伸；

5拍—8拍：双手持球，经体前、胸前至头顶，直立；

第二、三、四个8拍：同第一个8拍。

（八）第八节

预备	1	2

3 4 5

6 7 8

第一个 8 拍：

预备：并腿站立，双手持球，手臂伸直在体前；

1 拍：右脚向右迈步成双腿开立，同时左手托球侧平举；右手叉腰间；

2 拍：左脚向右侧前方移动成前交叉步，左手托球侧平举；右手叉腰间；

3 拍：右脚继续向右迈步成双腿开立，左手托球侧平举；右手叉腰间；

　　4拍：左腿并右腿成并腿站立，两手臂不变；

　　5拍：并腿站立，左手托球，两臂侧上举，五指张开掌心向上；

　　6拍：并腿站立，双手由体侧向上，在头顶成双手持球；

　　7拍：左脚向左迈步成开立，双手持球直臂前平举；

　　8拍：并腿站立，双手持球在体前，同准备姿势。

　　第二个8拍：动作同第一个8拍，方向相反（出右脚向右，右手托球）。

　　第三、四个8拍：同第一、二个8拍。

（九）第九节

预备　　　　　　　　　1　　　　　　　　　2

3　　　　　　　　　4　　　　　　　　　5

6、7 8

第一个 8 拍：

预备：并腿站立，双手持球，手臂伸直在体前；

1 拍：左脚侧前方上步成弓步，双手持球上举；

2 拍：两腿不变，双手将球拉至腹下；

3 拍：两腿不变，球夹于腹与大腿间，双手侧平举，掌心向下；

4 拍：同 2 拍；

5 拍：两腿不变，双手持球上举；

6 拍：两腿成弓步不变，两臂持球直臂后展一次；

7 拍：同 6 拍，再次后展；

8 拍：收左腿并步站立，双手持球，手臂伸直在体前；

第二个 8 拍：同第一个 8 拍，方向相反（先迈右腿，成弓步）。

第三、四个 8 拍：同第一、二个 8 拍。

（十）第十节

第一个 8 拍：

预备：并腿站立，双手持球，手臂伸直在体前；

1 拍：左脚向左迈步成开立，双手持球上举；

2 拍：两腿不变，体前屈，双手持球向下至地面；

3 拍：两腿不变，将球放置两腿间地面上，上体直立，两臂侧上举，掌心向上；

预备

1

2

3

4

5

6

7

8

4拍：两腿不变，体前屈，双手向下持球；

5拍：左腿并回，屈膝深蹲，双手持球，直臂前平举；

6拍：并腿站立，双手持球，手臂伸直在体前；

7拍：同5拍；

8拍：同6拍；

第二个8拍：同第一个8拍，方向相反（先迈右腿）。

第三、四个8拍：同第一、二个8拍。

（十一）第十一节

预备　　　　　　　　　　1　　　　　　　　　　2

3　　　　　　　　　　4　　　　　　　　　　5

6 7 8

第一个 8 拍：

预备：并腿站立，双手持球，手臂伸直在体前；

1 拍—4 拍：后踢腿跳，双手持球在胸前；

5 拍：两腿跳至开立，双手持球前平举；

6 拍：两腿跳合，双臂屈肘持球于胸前；

7 拍：两腿跳至开立，双手持球上举；

8 拍：两腿跳合成直立，双手持球，手臂伸直在体前。

第二、三、四个 8 拍：动作同第一个 8 拍。

参考文献

[1] 侯斌，于新，张文魁，等. 软式排球教程[M]. 武汉：华中师范大学出版社，2004.

[2] 刘佳. 软式排球教学与训练[M]. 长沙：湖南大学出版社，2004.

[3] 赵青，孙平，刘立君. 软式排球[M]. 北京：北京体育大学出版社，2009.